MANUEL

DE CUISINE.

MANUEL

DE CUISINE

DRESSÉ ET ÉDITÉ

Par Mme HUSSON, ex-Cuisinière,

ACTUELLEMENT MARCHANDE DE COMESTIBLES

Rue de l'Impératrice, 100,

LYON.

BOURGOIN

IMPRIMERIE ET LITHOGRAPHIE SIMONNET.

1864

Les contrefacteurs de tout ou partie de cet ouvrage
seront poursuivis.

MANUEL

DE CUISINE.

BŒUF BOUILLI, DIT POT AU FEU. (4)

Les meilleurs morceaux de bœuf pour bouillir sont le rond de veine ou une refente de couare; on a soin de mettre le bœuf avec de l'eau froide, et lorsqu'il bout on l'écume et on met, après l'avoir écumé, deux poireaux, trois racines jaunes, un petit morceau de céleri, et on le colore si l'on veut avec un petit oignon brûlé. Lorsque l'on sert le bœuf on peut mettre une petite sauce dessous, que l'on fait de la manière suivante : on met au fond du plat la valeur d'une cuillerée à café de cerfeuil haché très-fin avec deux cuillerées de vinaigre et trois d'huile, du poivre et du sel, on brasse le tout ensemble et l'on place le bœuf dessus; on peut aussi ajouter une garniture de pommes de terre autour, pour cela on fait cuire les pommes de terre dans une casserole et on les fait bien dorer avec du beurre, on les place autour du bœuf, et le plat a bonne façon.

BŒUF A LA MODE. (5)

On prend un joli morceau de bœuf coupé carré, de laîche ou de couare, on le pique avec quelques morceaux de lard, on le place dans une casserole en cuivre bien propre, avec un morceau de beurre frais et un oignon; on couvre bien la casserole, on fait rotir le bœuf de tous les côtés; aussitôt qu'il commence à se dorer, on le dégraisse et on y met la valeur d'un verre de vin blanc sec, en différentes fois, afin de détacher le morceau de la casserole, à laquelle il tend à s'attacher, et en même temps le vin blanc lui donne une saveur de bon goût, on ajoute alors un verre de bouillon gras et on lie immédiatement la sauce avec de la fécule de pomme de terre, la valeur d'une cuillerée à café délayée dans un peu d'eau; on remue doucement afin que le bœuf ne se décolore pas, puis on achève de le cuire à petit feu; on met alors une racine jaune, un morceau de canelle, trois clous de girofle, une petite branche de thym, poivre et sel.

On peut mettre, si l'on veut, en garniture, des marrons ou des champignons qu'on fait cuire quelques tours dans le jus du bœuf pour en faire un plat bien présentable et bien bon.

BŒUF EN GELÉE. (6)

On se sert des mêmes morceaux qui sont désignés pour le bœuf à la mode; on pique le bœuf avec du lard et on le met dans une daubière ou une casserole en cuivre, avec de l'eau mélangée de bouillon en parties égales, de manière que ce mélange passe sur tous les assortiments, qui sont: un pied de veau, un pied de cochon et deux paquets de couenne de lard; il faut que tous ces assortiments soient crus et bien frais pour que la gelée ait bon goût; on met dans le liquide trois oignons, trois ou quatre échalottes, une racine jaune, un morceau de canelle, six clous de girofle, une petite branche de thym, quelques grains de poivre, deux verres de vin blanc, un bouquet de persil, le tout cuit ensemble. Lorsque le tout est cuit on retire tous les morceaux et on met le bœuf dans un moule, puis on bat deux blancs d'œufs en neige bien montée, que l'on met cuire quelques tours dans la gelée afin de la clarifier; on prend alors un linge croisé que l'on mouille dans l'eau, puis on le tord pour qu'il ne soit que fortement humide ; on passe le bouillon, dans ce linge ainsi préparé, sur la viande, et la gelée prend en se refroidissant ; pour cela on le met dans un endroit frais.

Pour employer les deux pieds qui ont cuit avec le bœuf, on peut les mettre sur le gril avec un peu de panure ; lorsqu'ils sont bien roux on les sert avec une sauce verte ou mayonnaise.

ROUELLE DE VEAU GLACÉE. (177)

On met la rouelle dans une casserole en cuivre avec un morceau de beurre frais gros comme un œuf, un oignon, la valeur de cinq centimes de lard, un demi-verre de bouillon et du sel, faire cuire le tout à grand feu, et lorsque la sauce aura bien diminué, la faire tourner bien doucement avec une cuillère de bois pour la détacher de la casserole, elle se glace et devient d'une couleur or ; on a soin de la placer sur un feu doux pour qu'elle cuise bien doucement, lorsqu'elle s'attache on y verse une cuillerée ou deux de vin blanc en détachant bien le jus du tour de la casserole ; lorsqu'elle est bien dorée on y verse un pochon de bouillon, puis on la lie immédiatement avec une cuillerée de fécule de pommes de terre, on met alors la rouelle dedans et on la fait cuire bien doucement et à petit feu.

Si l'on veut on peut servir autour une garniture soit en champignons ou en marrons ou bien encore sur des petits pois.

FRICANDEAU DE VEAU. (78)

Prendre une jolie rouelle coupée un peu mince, sortir l'os du milieu et la peau, la dresser en forme longue pour un seul fricandeau et la piquer de petits morceaux de lard dans toute sa longueur; on la fait cuire de la même manière que la rouelle. On sert le fricandeau sur de l'oseille ou sur une purée de pommes de terre ou bien avec une garniture de petits pois, en ayant soin de verser le jus du fricandeau sur la garniture.

ROUELLE DE VEAU ROULÉE. (178)

Il faut prendre la première ou la seconde rouelle, on sort la peau qui est autour, on la bat sur une planche de manière à la rendre très-mince, on la roule en mettant dedans pour cinquante centimes de jambon découpé bien mince et, si l'on veut, une truffe également découpée bien mince, le tout étendu de la largeur de la rouelle, il faut la rouler de manière à la faire ressembler à un gros saucisson ; on la coud avec une forte aiguille et de la ficelle, puis on graisse un papier blanc avec un morceau de beurre frais, on plie sa rouelle dedans, on la met au four dans un plat et lorsqu'elle rend son jus on l'arrose souvent.

Un quart d'heure avant de la servir on sort le papier et si elle n'est pas assez dorée on la laisse finir, en l'arrosant de temps en temps, sur un feu doux pour qu'elle ne se dessèche pas. Détacher souvent son jus du plat en y mettant chaque fois deux cuillerées d'eau afin que le jus ne brûle pas et qu'il soit d'une jolie couleur.

On peut la servir avec du cresson autour dans lequel on met quelques gouttes de vinaigre, du sel et le jus du plat; cela fait un joli rôti qui peut en remplacer un autre.

BIFTECKS DE VEAU SAUTÉS A LA POÊLE. (12)

On prend une rouelle que l'on fait découper très-mince et par petits morceaux et on la fait battre comme un bifteck de bœuf; on a soin d'avoir une poêle très-propre, on y met un morceau de beurre frais et les biftecks que l'on fait cuire à petit feu, et lorsque les biftecks risquent de s'attacher on les détache avec un peu de bouillon ou de l'eau chaude.

Au moment de servir on presse sur son plat tout le jus d'un citron et la sauce sur les biftecks.

TÊTE DE VEAU A LA TORTUE. (191)

On désosse la tête de veau de manière qu'il ne reste que la viande, on la fend par dessous du côté du cou, on la dresse bien dans son sens, on la coud, on fait un petit roux bien léger : un demi quart de beurre que l'on met dans une daubière en cuivre, avec la moitié d'une cuillerée de farine que l'on fait roussir. Aussitôt que la farine prend un peu de couleur, on hâche un gros oignon, un œuf, pour quinze centimes de lard frais que l'on hâche avec du persil, on fait roussir légèrement dans le roux, on met alors la tête de veau que l'on bouge de temps en temps afin qu'elle ne s'attache pas ; chaque fois qu'elle s'attache on met deux cuillerées de vin blanc que l'on peut continuer jusqu'à un demi-litre ; on la fait cuire à petit feu, on y ajoute quelques gouttes de bouillon et un peu de jus afin de bien la dorer, on met dans le jus une légère branche de thym ; lorsqu'il a fait quelques tours il faut goûter et éviter qu'il ne domine, y mettre aussi un morceau de canelle et trois clous de girofle, sel et poivre, laurier le demi-quart d'une feuille, une racine jaune ; on peut placer en garniture des crêtes de volaille, des champignons, des truffes noires, des quenelles, des queues d'écrevisses, le tout dans la sauce assaisonnée d'un bon goût et un jus de citron. Au moment de servir on dresse la tête de veau dans le plat, on met la garniture autour avec une sauce assez grande pour donner bonne tournure à son plat.

TÊTE DE VEAU EN COURT-BOUILLON. (192)

On fait un court-bouillon avec assez d'eau pour dépasser la hauteur de la tête de veau, afin qu'elle cuise bien comme il faut et à petit feu. On met dans le court-bouillon : deux branches de thym, une douzaine de clous de girofle, un morceau ou deux de canelle, un gros bouquet de persil, quatre ou cinq oignons, une dizaine d'échalottes et autant de grains de poivre, du sel, une racine jaune et une bouteille de vin blanc sec.

On déganache la tête, puis on la plie dans un linge de manière qu'elle ne puisse se défaire, on la plie dans le linge pour qu'elle reste plus blanche et ait meilleure apparence ; il faut au moins quatre heures de cuisson à bien petit feu.

Il faut aussi la servir avec une sauce à part, soit une sauce verte ou une mayonnaise.

PIEDS DE VEAU SUR LE GRIL. (142)

On les fait cuire avec le même court-bouillon que pour la tête de veau; lorsqu'ils sont cuits on les désosse, on les panure, puis on les met dorer sur le gril; on les sert sur une sauce verte ou une mayonnaise.

Les pieds de veau s'accommodent aussi avec un civet de lièvre.

PIEDS DE VEAU EN SALMIS. (141)

On coupe les pieds en quatre morceaux, en ayant soin d'enlever les bouts; il faut faire un roux léger, hâcher un petit oignon avec un morceau de lard de la valeur de quinze centimes, une pincée de persil que l'on met dans le roux et leur laisser prendre un peu de couleur et mettre alors les pieds de veau dans le roux, leur faire prendre une belle couleur en les bougeant de temps en temps afin qu'ils ne s'attachent pas, on y met deux cuillerées de vin blanc sec cha-que fois, en les remuant pour qu'ils ne brûlent pas, on peut y mettre jusqu'à un demi-verre de vin blanc sec ; ensuite, à mesure que la sauce diminue, on peut y ajouter quelques cuillerées de bouillon gras et du jus si on en a. On fait en sorte de tenir toujours sa sauce bien liée et courte afin qu'elle ait bonne façon, avoir soin de la dégraisser si elle est trop grasse et ajouter un jus de citron au moment de servir.

PIEDS DE VEAU GLACÉS. (140)

On fait cuire les pieds dans un court-bouillon, lorsqu'ils sont cuits on les désosse, on met un gros morceau de beurre dans la poêle, lorsqu'il est chaud on trempe les pieds de veau dans des blancs d'œufs, que l'on a eu soin de battre en neige jusqu'à ce qu'ils se tiennent fermes, on les met à la poêle pour les faire glacer des deux côtés et on les sert sur une sauce verte ou une mayonnaise.

OREILLONS DE VEAU. (124)

Ils s'accommodent dans le même court-bouillon que celui indiqué pour la tête de veau ; on les met droits sur le plat en leur fendant la pointe en trois morceaux pour les parer ; on les sert avec une sauce verte ou avec une sauce mayonnaise.

Ils s'accommodent également comme la tête de veau à la tortue et on les sert avec la même sauce et la même garniture.

MOU DE VEAU. (117)

Le mou se découpe par morceaux gros comme la moitié d'un œuf, on le fait blanchir deux tours à l'eau bouillante, ensuite on met un morceau de beurre dans une casserole avec la moitié d'une cuillerée à bouche de farine, on fait un roux, aussitôt que la farine prend un peu de couleur on met dedans : un oignon hâché avec un peu de persil et un morceau de lard gros comme un œuf, le tout hâché ensemble ; on fait prendre un peu de couleur au hâchis dans le roux, on y ajoute le mou et deux bons verres de vin rouge et, si la sauce est trop courte, un peu de bouillon, poivre et sel, un peu de jus si on en a, un petit morceau de thym, deux clous de girofle, un morceau de canelle, un filet de vinaigre ou un jus de citron ; si la sauce est trop liquide on délaye à froid une pincée de fécule de pommes de terre, on laisse rebouillir deux minutes avant de servir.

MOU DE VEAU EN SAUCE BLANCHE. (118)

On coupe le mou de veau par morceaux gros comme la moitié d'un œuf, on le fait dégorger cinq minutes à l'eau froide, puis on le met quelques tours dans l'eau bouillante ; on le retire, on met alors un bon morceau de beurre dans une casserole avec un petit oignon et cinq centimes de lard, on met aussi une cuillerée de farine dans le beurre et on lui fait faire deux tours, on y met alors du bouillon gras et on remue, lorsque la sauce bout on met le mou dedans avec un peu de poivre et du sel ; lorsqu'il a cuit une demi-heure on brasse un jaune d'œuf avec deux ou trois cuillerées de crême, on l'ajoute à la sauce et l'on remue afin qu'elle ne tranche pas, puis on retire du feu et on met un jus de citron au moment de servir le plat.

FOIE DE VEAU ROTI. (75)

On fait mariner le foie de veau avec deux petits oignons, une échalotte, un peu de vinaigre et de l'huile d'olive, lorsqu'il a mariné une heure ou deux on le met à la broche ou dans une rotissoire avec un gros morceau de beurre frais, et lorsque le foie commence à se chauffer il faut l'arroser assez souvent, lorsqu'il écume on le laisse sans l'arroser et aussitôt qu'il se colore on y met le sel qu'il faut, on l'arrose avec un demi-verre de crême bien épaisse sur la fin de la cuisson; lorsqu'il est cuit on ne le laisse pas dessécher.

On le sert avec un jus de citron.

FOIE DE VEAU DÉCOUPÉ. (76)

On découpe le foie par tranches bien minces, on les farine des deux côtés autant qu'elles peuvent absorber de farine; on met alors un gros morceau de beurre frais dans la poêle pour faire roussir les tranches de foie et aussitôt qu'elles le sont on les retire de la poêle, dans laquelle on ajoute : un oignon hâché avec un morceau de lard et un peu de persil, auxquels on fait prendre de la couleur, puis on y met le quart d'un verre de vin blanc, du bouillon gras et un filet de vinaigre, et du jus de rôti si on s'en trouve, puis on replace les tranches de foie dans la poêle pour les finir de cuire.

Il faut environ dix minutes pour cette dernière cuisson.

POITRINE DE VEAU FARCIE. (146)

On prend un joli morceau de poitrine, on l'ouvre par le milieu bien délicatement avec un couteau pointu, sans ouvrir les deux extrémités, on enlève la chair de dessus les cotelettes sans percer la peau, de façon à en faire une poche pour y introduire la farce que l'on fait de la manière suivante :

Veau rôti ou rouelle ou des débris de volailles, un morceau de jambon ; on hâche le tout ensemble, on peut y ajouter une ou deux truffes noires, puis on fait bouillir un quart de litre de lait dans lequel on met la mie d'une brioche de dix centimes, à laquelle on fait faire quelques tours, puis on met le tout dans un vase assez grand pour brasser avec poivre et sel, on casse aussi dedans deux œufs crus que l'on mélange avec le tout ; on remplit alors la poche de la poitrine et on la coud de manière à ce que la farce ne puisse sortir ; on la met cuire dans une casserole avec un morceau de beurre frais et un oignon, on l'étouffe bien, si elle rend trop de jus on la découvre de manière qu'elle se glace avant d'être cuite, et lorsqu'elle s'attache on y met un peu de bouillon, on a le soin de la dégraisser afin qu'elle se glace plus facilement et on la sert avec son jus autour.

COTELETTES DE VEAU A LA MINUTE. (44)

On fait un joli manche aux côtelettes de veau afin qu'elles aient bonne tournure, on les arron-

dit et on les bat avec le partelet pour les rendre
plus tendres, on bat aussi deux blancs d'œufs en
neige jusqu'à ce qu'ils se tiennent bien fermes et
on trempe les côtelettes dedans, puis on les met
à la poêle dans du beurre bien chaud, il ne faut
que cinq minutes pour les glacer; quand elles
sont dorées d'un côté on les retourne de l'autre,
et lorsqu'on a dressé les côtelettes dans le plat
on prend du cerfeuil et deux cornichons que l'on
hâche ensemble et que l'on fait cuire deux tours
dans le jus qui reste dans la poêle et on verse
cela sur les côtelettes; on peut aussi y ajouter
un jus de citron pour les rendre meilleures.

COTELETTES A LA JARDINIÈRE. (42)

On met un morceau de beurre bien frais dans
une casserole avec les côtelettes, un oignon ou
deux, les saler de suite; on a le soin, lorsqu'elles
s'attachent dans la casserole, de les détacher
avec une cuillère en bois, en y ajoutant quelques gouttes de bouillon et les soigner de manière à les faire glacer afin qu'elles deviennent
bien jolies; on les dresse dans le plat en couronne, on leur met un petit manche en papier
que l'on découpe bien fin dans le genre des pa-
piers qui servent d'enveloppe aux papillotes, on

les attache aussi avec une petite faveur ou du fil ; on a le soin d'avoir tout prêts plusieurs légumes, tels que : petits pois, haricots, petites raves nouvelles découpées en petits filets comme pour une julienne, choux-fleurs en petits morceaux, comme si on devait les manger seuls ; on les place autour des côtelettes, pour garniture, par petits tas sans les mêler ; on détache bien le jus de sa casserole tout autour avec une goutte de bouillon, on le passe dans une passoire sur les côtelettes et les légumes, afin que toute la jardinière soit bonne et qu'elle ait bonne façon.

GIGOT BRAISÉ. (98)

On fait un manche au gigot, on lui enlève la première peau avec la pointe du couteau sur toute sa largeur, c'est une peau mince comme du parchemin, on le bat un peu avec le partelet, en l'arrondissant de la forme d'un jambon, on le place dans une daubière en cuivre, avec de l'eau la valeur de deux verres, un oignon ou deux, on le fait cuire à bon feu et lorsque la sauce se diminue on le retire du grand feu, afin qu'il se glace bien doucement ; on a le soin, aussitôt que le jus est court, de le bien dégraisser et d'y mettre quelques gouttes de bouillon pour le détacher, il faut détacher tout le jus qui est autour de la casserole, ce qui le fait dorer ; on aura également le soin de le remuer souvent sur la fin de la cuisson pour qu'il ne brûle pas et qu'il produise un joli jus bien glacé.

GIGOT DÉSOSSÉ ET DRESSÉ

sous forme de jambon.

(99)

On a le soin d'enlever la première peau, on le fend du côté où l'os est plus prononcé et on le désosse complètement, on lui donne une forme ronde comme à une galantine et on le fait cuire comme le gigot braisé ; on le sert avec une garniture ; pour que la sauce soit bonne à servir autour du gigot il faut mettre un tout petit morceau de beurre dans une casserole, on y ajoute une cuillerée à café de farine à laquelle on laisse prendre très-peu de couleur, on y met aussi du bouillon avec du jus du gigot pour rendre la sauce convenable à la garniture que l'on veut mettre dedans, soit : champignons, truffes noires, quenelles, fonds d'artichaux, olives, petits pois, on peut supprimer ce que l'on n'a pas ; l'essentiel est de faire une bonne sauce au jus, qu'elle n'ait pas le goût âcre et que la farine du roux ne soit pas trop colorée ; on fait cuire tous les assortiments dix grandes minutes dans la sauce avant de servir.

CARRÉ DE MOUTON A LA BOURGEOISE
désossé et servi en couronne.

(30)

Il faut prendre le carré de mouton tout entier, on lui enlève la première peau qui est très-mince, puis on le désosse complètement et on le roule comme un saucisson, on le coud dans toute sa longueur et on attache les deux bouts ensemble pour en faire une couronne ; lorsqu'il est ainsi préparé on le pique dessus avec du petit lard, comme un filet de bœuf ; si l'on ne veut pas le piquer il se sert également sans l'être ; on le marine avec deux oignons, trois ou quatre échalottes, du persil, du thym, une cuillerée de vinaigre et autant d'huile d'olive ; on peut le faire mariner un jour à l'avance, il n'en sera que meilleur.

On le met cuire dans une casserole avec un verre et demi d'eau, un oignon et du sel ; aussitôt que l'eau est imbibée on dégraisse le carré pour qu'il se glace plus facilement et on le sert avec une sauce financière; la sauce financière est une garniture bien soignée dans un bon jus, truffes noires, quenelles, champignons, crêtes et foie de volailles ; si l'on n'a pas toutes ces choses il n'importe, on ne met que celles que l'on a, on pourrait aussi n'y mettre que des fonds d'artichaux ou des olives.

On le sert également sur une sauce aux tomates, que l'on fait de la manière suivante :

Mettre un morceau de beurre frais dans une casserole, une demi-cuillerée à café de farine que l'on ne fait cuire que deux tours sans la laisser roussir, on met alors un demi-verre de tomates et un pochon de bouillon, un filet de vinaigre, poivre et sel, on y ajoute aussi le jus de son rôti ; on fait cuire environ un quart d'heure la viande à petit feu afin qu'elle prennne le bon goût de la sauce aux tomates.

COTELETTES DE MOUTON SUR LE GRIL. (43)

Il faut dresser les côtelettes de manière à leur donner une bonne tournure, on leur fait un petit manche et on coupe un peu l'os du talon et on les arrondit, on les frappe d'un bon coup de partelet sur la planche, on les panure des deux côtés et on les met sur le gril ; lorsqu'elles sont cuites d'un côté on les retourne de l'autre, il faut que le feu ne soit ni trop ardent ni trop faible, en un quart d'heure elles doivent être cuites ; il ne faut pas qu'elles soient grillées, il vaut mieux qu'elles restent un peu rouges dans l'intérieur.

POITRINE DE MOUTON SUR LE GRIL. (145)

On fait bouillir la poitrine comme le bœuf, en pot au feu, avec les mêmes assortiments, de manière à pouvoir se servir du bouillon qui est un peu blanc, en y ajoutant un peu de jus pour le colorer et le rendre meilleur, il ne faut que deux heures pour la cuisson ; au moment de la servir on panure la poitrine et on la place dix minutes sur le gril, ce temps doit suffire pour la glacer ; on hâche bien fin du cerfeuil que l'on remue dans une cuillerée de vinaigre et deux ou trois d'huile fine, poivre et sel, et on sert la poitrine dessus.

On peut aussi la servir avec une sauce piquante chaude que l'on fait de la manière suivante :

On hâche une échalotte, un peu de cerfeuil, cinq centimes de lard, on met un morceau de beurre dans une casserole avec un peu de farine pour faire un roux, on y jette le hâchis auquel on laisse prendre un peu de couleur, on y met alors un peu de bouillon avec un filet de vinaigre et un cornichon hâché.

PIEDS DE MOUTON. (139)

Il faut désosser les pieds de mouton en leur laissant le plus petit os ; lorsqu'on les a bien nettoyés et enlevé les poils et le noir on les fait bouillir dans de l'eau avec du sel, un oignon, deux échalottes, une racine jaune, un bouquet de persil ; on les retire du feu au bout de dix minutes et on les laisse dans cette eau pour qu'ils y prennent un bon goût.

On fait faire un tour à une demi-cuillerée de farine dans du beurre bien chaud, on y ajoute du bouillon pour éclaircir la sauce ; lorsqu'elle a bouilli quelques tours on y verse un verre de crème, poivre et sel, et on y place les pieds de mouton que l'on laisse cuire dix minutes ; on brasse un jaune d'œuf avec un jus de citron pour lier la sauce en ayant soin de la remuer pour empêcher qu'elle ne tranche ; on sert le plat avec un ou deux cornichons découpés pour servir de garniture et donner bonne façon.

GRAS-DOUBLE EN GRATIN. (101)

On découpe le gras-double en jolis morceaux carrés, de la longueur d'un doigt ; on hâche la valeur d'une bonne cuillerée à café de cerfeuil que l'on met dans une assiette avec deux cuillerées de vinaigre et autant d'huile d'olive, poivre et sel, brasser le tout ensemble, mettre son gras-double dans un plat à gratin, on verse le mélange dessus et on le panure, puis on met sur le tout quelques morceaux de beurre ; on met alors le plat au four avec un feu doux pour le glacer doucement ; lorsqu'il est bien doré il est cuit et on peut le servir.

PALAIS DE BŒUF. (127)

On fait cuire six à huit morceaux de palais dans un court-bouillon, pendant quatre heures, à petit feu et à grande eau, on met dans le court-bouillon trois ou quatre oignons, autant d'échalottes, quatre clous de girofle, un bon morceau de canelle, un bouquet de persil, une branche de thym, poivre et sel, trois cuillerées de vinaigre.

Lorsque les morceaux de palais sont cuits on leur enlève la peau qui est devenue raboteuse, on les découpe par morceaux de la longueur d'un doigt, on fait une sauce blanche pour les mettre dedans ; on fait cette sauce avec un morceau de beurre et la moitié d'une cuillerée de farine à laquelle on fait faire deux tours sans qu'elle prenne de couleur, on l'éclaircit avec du bouillon, mais avant de trop l'éclaircir on y verse un verre de crème, poivre et sel ; on fait cuire les palais de bœuf pendant dix minutes et à petit feu, après ce temps on retire la casserole du feu et on lie la sauce avec deux jaunes d'œufs brassés avec un jus de citron, en remuant pendant deux minutes la liaison dans la sauce. On sert le plat avec des cornichons découpés autour.

ROGNONS DE MOUTON. (173)

On découpe les rognons en trois ou quatre tranches, on met un morceau de beurre frais dans une casserole avec les rognons préparés ainsi qu'il est dit ci-dessus, un peu de persil et cerfeuil hâchés et pour dix centimes de lard maigre que l'on coupe aussi menu que possible et poudré avec la moitié d'une cuillerée de farine, on les remue très souvent afin qu'ils ne s'attachent pas ; lorsqu'ils sont cuits avec la farine on y ajoute un demi-verre de vin blanc sec et du jus si on en a ; au moment de servir on y presse un jus de citron que l'on peut remplacer par un filet de vinaigre, on peut aussi y ajouter le quart d'un champignon découpé en petits morceaux et cuit à l'eau, que l'on fait bouillir quelques tours avec les rognons.

POULET SAUTÉ. (160)

On découpe son poulet en jolis morceaux, on hâche deux échalottes avec un petit morceau de lard, on met un morceau de beurre frais, gros comme un œuf, dans une casserole avec les morceaux de poulet, les échalottes et le lard, poudrés d'une cuillerée à café de farine, on les fait cuire pendant cinq minutes, on y met alors un quart de verre de vin blanc sec et un peu de jus si on en a, ou du bouillon ; on tient la sauce courte et bonne, ne pas laisser trop cuire le poulet pour qu'il ait plus de goût et meilleure façon ; au moment de servir presser un jus de citron sur le plat ou un filet de vinaigre en remplacement du jus de citron.

On peut aussi faire un bon et joli plat avec deux petits poulets découpés que l'on fait cuire comme une matelotte et que l'on dresse de même avec des croûtons.

Il faut faire un bon court-bouillon avec du vin vieux et un verre d'eau, dans lequel on met trois clous de girofle, un morceau de canelle, un bouquet de persil, une légère branche de thym, deux petits oignons, une ou deux échalottes, un morceau de racine jaune, cinq centimes de lard maigre et frais, poivre et sel, le tout bouilli à petit feu pendant un quart d'heure; l'on passe alors le liquide dans une passoire pour l'avoir clair, lorsqu'il est passé on le remet sur le feu pour le faire bouillir et l'on y met cuire les morceaux du poulet pendant vingt minutes au plus; il faut avoir le soin de ne pas les faire trop cuire pour les conserver bons et jolis, il faut que la chair reste ferme.

On met un gros morceau de beurre bien frais dans une casserole, avec une pleine cuillerée à bouche de farine à laquelle on fait faire deux tours, on reprend le court-bouillon qui est avec les morceaux de poulet, on s'en sert pour éclaircir la sauce qui est dans la casserole en la remuant continuellement, on la laisse bouillir cinq minutes, il ne faut pas qu'elle soit trop claire ni trop épaisse; quand elle est trop claire on y ajoute une pincée de fécule de pomme de terre pour l'épaissir; si, au contraire, elle est trop épaisse, on y met un peu de bouillon.

On dresse les morceaux de poulet dans le plat, en pyramide, on met toujours les morceaux de carcasse au milieu du plat et les jolis morceaux autour, en les montant le plus possible, on place la tête du poulet au-dessus de son plat avec le bec tourné en haut, on met un œillet ou une petite rose dans le bec. On sert la sauce sur les morceaux, on fait une garniture autour du plat avec des croûtons dorés au beurre et découpés en cœurs pour donner une bonne façon au plat.

On peut accommoder un lapin de la même manière que les poulets en matelotte, excepté qu'il ne faut pas le monter en pyramide, il sera toujours servi d'un excellent goût.

On accommode aussi les pieds de veau de la même manière et avec la même sauce que les poulets en matelotte.

CROQUETTES. (59)

On prend les débris d'une volaille cuite et pour quinze centimes de jambon maigre, on découpe le tout en aussi petits morceaux que possible; on met dans une casserole un morceau de beurre frais, dans lequel on verse une cuillerée de farine que l'on fait cuire deux tours, on augmente la sauce avec un bon verre de lait, tout en la conservant très-épaisse, on met la viande découpée dedans, on la fait bouillir un seul tour et on y brasse un jaune d'œuf, puis on la sort du feu et on laisse refroidir.

On prend la valeur d'un demi-kilogramme de mie de pain rassis, que l'on met dans un linge propre pour la broyer avec les mains, puis on la passe dans une passoire pour la rendre très-fine ; on la met alors sur la planche à hâcher et on met dessus une pleine cuillerée du mélange indiqué ci-dessus ; on roule la farce légèrement afin de lui donner la forme et la grosseur d'un boudin, on la découpe par morceaux de deux centimètres de longueur que l'on roule de nouveau, pour l'étendre dans la même forme et lui donner une longueur de quatre centimètres, en la formant très-petite pour qu'elle ait bonne façon. Lorsqu'elle est roulée on bat deux blancs d'œufs en neige et on trempe ces croquettes dedans, puis on les roule encore une fois dans la même mie de pain bien fine en ne leur faisant faire qu'un tour, on doit les faire une ou deux heures à l'avance pour qu'elles réussissent mieux ; on fait chauffer la friture et lorsqu'elle est chaude à point on y place les croquettes qui doivent être cuites en trois minutes et bien dorées ; il ne faut pas que la friture soit trop chaude parce que les croquettes se noirciraient, si, au contraire, elle ne l'est pas assez, elles sont très longues à se dorer, prennent le goût de la friture et ne sont pas bonnes.

BOUDINS RICHELIEU. (20)

On fait les boudins Richelieu de la même manière que les croquettes et on les fait cuire de même, excepté que l'on fait les croquettes d'une longueur de quatre centimètres et que l'on donne aux boudins Richelieu celle de quinze à dix-huit centimètres, on les plonge dans les blancs d'œufs comme les croquettes et on leur fait refaire deux tours dans la mie de pain ; lorsqu'ils sont tout-à-fait cuits on les dresse dans un plat, on fait frire dans l'huile bouillante une forte pincée de persil que l'on sort avec l'écumoire et on lui fait égoutter l'huile, puis on le sème sur les boudins pour donner bonne façon au plat.

EMPLOI DES DÉBRIS DE DIVERS PLATS
qui ne sont plus présentables.

(67)

Lorsqu'on a un peu de rôti cuit ou de gigot, de rouelle ou volaille, on peut en faire plusieurs plats indiqués ci-après, mais sans employer du bœuf, ce n'est pas assez délicat.

On hâche ensemble toutes les viandes que l'on a, en évitant de se servir de celle de bœuf qui n'est pas assez délicate, on hâche aussi bien fin du cerfeuil, un oignon et un peu de persil; on fait bouillir un quart de litre de lait, lorsqu'il est en ébullition on met dedans la mie d'une miche de dix centimes; lorsqu'on s'aperçoit qu'elle est cuite on l'écrase fortement pour en faire une bouillie, on verse cette bouillie sur la viande que l'on a hâchée et sur laquelle on casse deux œufs crus, poivre et sel, que l'on brasse ensemble ainsi que l'assortiment indiqué plus haut, ce qui forme une farce que l'on peut employer à différents usages, soit pour :

CHOUX FARCIS. (36)

On dépouille un chou ou deux que l'on défait feuille par feuille, on les lave bien et on les fait cuire à l'eau, lorsqu'ils sont cuits à moitié on les retire de l'eau et on les fait égoutter dans une passoire ou sur un linge; lorsque les feuilles sont bien égouttées on met une couche de feuilles sur la planche à hâcher, de la grandeur d'un chou, on les recouvre d'une couche de farce, et ainsi de suite, couche de feuilles de chou et couche de farce alternativement jusqu'à la grosseur que l'on veut lui donner. Dans le cas où les feuilles de choux seraient brisées on peut les employer également en les mettant toujours par couche de l'épaisseur de deux millimètres ; la dernière couche que l'on place doit être en feuilles de choux et très-épaisse, on les resserre avec une cuillère pour leur donner la forme d'un chou, que l'on ficèle bien autour, de manière à l'empêcher de se défaire, on le place alors dans une casserole ou un plat, on met dessus un gros morceau de beurre ou de graisse de rôti si on s'en trouve, on le met au four d'un fourneau, on a le soin de l'arroser de temps en temps, il se roussit tout doucement et prend une jolie couleur ; quand il est bien doré d'un côté on le retourne de l'autre en l'arrosant comme un rôti, il faut environ deux heures et demie pour qu'il soit cuit d'une manière convenable ; si le feu le surprenait trop on le couvrirait d'un papier blanc pour lui éviter de brûler, on fait aussi une bonne sauce au jus que l'on sert sur le chou ; si on est à l'époque des marrons on en pèle pour les faire cuire dans la sauce au jus et on les place en garniture autour du chou.

BOULETTES DE VIANDE. (21)

On poudre la planche de farine, on prend une

cuillerée de la farce indiquée ci-devant, on roule la farce sur la planche et on lui donne une jolie forme plate et carrée ; lorsque toutes les boulettes sont roulées on met un morceau de beurre dans la poêle et on les fait cuire ; lorsqu'elles sont bien dorées on peut les servir de la sorte, on peut aussi faire une sauce au jus et les mettre dedans après les avoir sorties de la poêle, et leur faire faire deux tours de bout dans ladite sauce et les servir avec une sauce bonne et courte.

GATEAU DE VIANDE HACHÉE.　(82)

On se sert de la farce indiquée précédemment en y ajoutant quinze grammes de raisins de Corinthe, brassés dans la farce, ainsi que trois blancs d'œufs que l'on bat en neige, on mélange les blancs d'œufs les derniers, on beurre le moule afin que le gâteau puisse se détacher quand il est cuit, on met son moule dans une casserole pleine d'eau bouillante pour cuire au bain-marie, on s'assure que le gâteau est cuit en le piquant avec un couteau : si le couteau ressort net c'est signe de cuisson, si, au contraire, il ressort barbouillé c'est que le gâteau n'est pas encore assez cuit ; pour le servir on le met sur un plat en versant dessus une sauce au jus.

POMMES DE TERRE FARCIES.   (152)

On coupe les pommes de terre en deux, on les creuse des deux côtés et on les remplit de la même farce dont on a déjà parlé, on les attache avec soin pour qu'elles ne se défassent pas; on met dans une casserole un gros morceau de beurre et lorsqu'il est chaud on y place les pommes de terre, préparées de la manière qu'il est dit ci-dessus, elles se cuisent facilement, absolument comme si elles ne contenaient rien, elles se dorent en cuisant et deviennent craquantes; on peut aussi faire une petite sauce au jus pour servir les pommes de terre dessus : c'est un plat qui est bon et qui a bonne façon; il faut environ une demi-heure pour le cuire.

GIGOT DE CHEVREUIL.   (100)

Pour que le gigot de chevreuil soit bon, il ne faut pas qu'il soit frais, il faut au contraire qu'il soit un peu fait; on en sort la peau, on nettoie bien tout ce qui donne de l'odeur; en l'enlevant on lui coupe la patte comme le pied à un gigot de mouton et on le dresse de même; lorsqu'il est prêt à servir on rejoint la patte que l'on attache avec du papier frisé, de manière à cacher la jointure de la patte et du gigot. On pique le gigot de chevreuil avec du petit lard comme on piquerait un filet mignon ; on le fait mariner un jour à l'avance pour le rendre meilleur avec trois oignons, autant d'échalottes, une racine jaune, tout cela découpé, deux ou trois branches de thym, quelques clous de girofle, du persil, poivre et sel ; on couvre tout le gigot avec cet assortiment, on met par dessus deux cuillerées de vinaigre, autant d'huile d'olive, et on le tourne dans la marinade deux ou trois fois pour qu'il en prenne le goût des deux côtés et on le met rôtir à la broche.

Si on le sert comme rôti on met sur le plat un citron coupé en deux.

Si on le sert comme entrée on fait une sauce au jus dans laquelle on met des truffes noires, quelques morceaux de crêtes et des foies de volailles, découpés en morceaux, et, après les avoir fait cuire au beurre, on les fait rebouillir dans la sauce ; on peut y mettre aussi des champignons, l'essentiel est que la sauce soit bonne ; on met tout le jus du gigot dedans, on supprime dans la garniture ce que l'on n'a pas ; lorsque le gigot est dressé sur le plat on arrange la garniture autour.

FILET DE CHEVREUIL. (73)

On peut servir le filet de chevreuil de la même

manière et accommodé comme le gigot de chevreuil, rôti ou avec une sauce autour et la même garniture ; l'essentiel, pour rendre le plat bon, est de faire une bonne sauce ; pour cela on met un morceau de beurre frais dans une casserole et une cuillerée de farine que l'on fait un peu roussir, on y ajoute du bouillon avec du jus, un peu de poivre et un jus de citron ; on met ce que l'on a dedans et on sert autour du filet.

FAISAN.   (68)

On nettoie le faisan, on le dresse comme un chapon, excepté qu'il faut lui couper la tête, les ailes et la queue ; on le met rôtir à la broche ou au four comme une autre volaille, on l'arrose bien de tous les côtés, on cesse de l'arroser quand il se couvre d'écume et pendant toute la durée de cette écume. On a le soin, avant de le servir, de replacer la tête, les ailes et la queue, aux endroits qu'elles occupaient avant de les couper, afin de donner au faisan sa forme comme s'il était vivant ; on lui étend les ailes avec des petites broches en bois que l'on rend imperceptibles.

BÉCASSES ROTIES.   (7)

Les bécasses se mangent étant un peu faites,

on ne les vide pas, on les plume bien proprement, surtout la tête, on coupe des tranches de lard carrées de manière à ce qu'elles puissent couvrir le ventre des bécasses, on leur tourne le cou et on perce avec leur bec le lard jusqu'à ce que les têtes joignent les poitrines, on les dresse comme les volailles et on les met rôtir avec un gros morceau de beurre frais; on coupe bien mince des tranches de miche que l'on fait griller pour les servir sur le plat, on verse le jus du rôti sur ces tranches de pain et on place les bécasses dessus; on coupe un citron en deux parties égales que l'on place aux deux extrémités du plat pour lui donner un bon cachet.

On peut également servir les bécasses en salmis.

GRIVES ROTIES. (102)

La grive ne se vide pas. On la prépare à peu près comme la bécasse.

Pour la servir en salmis il faut la découper de la manière suivante, quelle soit cuite ou crue :

On enlève les quatre membres et l'on découpe la carcasse en deux morceaux.

On peut servir le salmis sur des croûtons de pain grillé.

BEC-FIGUES. (9)

On ne nettoie pas les bec-figues, on leur enlève les plumes proprement et on leur met une bande de lard sur le corps que l'on attache avec du fil ; on les fait rôtir à la broche ou dans une rôtissoire, on a le soin d'arroser souvent son rôti et on le sale lorsqu'il est chaud, on cesse de l'arroser pendant tout le temps qu'il écume ; il faut vingt minutes pour la cuisson.

ROTI DE CAILLES. (174)

Il faut trois ou quatre cailles pour un rôti de sept à huit personnes.

La caille se vide.

On lui met sur le ventre une bande de lard que l'on fait tenir avec une feuille de vigne, on attache bien le tout afin de le tenir en place. On la dresse comme un poulet et on la fait cuire de même.

On sert sur le plat un citron coupé en deux.

Elle est aussi très bonne cuite pendant dix minutes dans un peu de bouillon, elle forme alors une belle entrée.

Les cailles sont également bonnes en murette, rangées de la même manière qu'une matelotte.

Lorsqu'on a des cailles rôties, froides, et que l'on ne veut pas les servir de la même manière, on les découpe en quatre morceaux pour les mettre en salmis : on hâche une échalotte et pour cinq centimes de lard ; on met un morceau de beurre dans une casserole et la valeur d'une cuillerée à café de farine que l'on fait roussir un peu, on y place alors ce que l'on a hâché, que l'on fait également roussir, et on y ajoute un peu de bouillon et un peu de jus avec les cailles que l'on ne laisse que dix minutes, on y met aussi un peu de poivre mais point de sel : le bouillon et le jus étant suffisants pour cela.

ROTI DE PERDRIX. (175)

La perdrix se nettoie comme un poulet.

Si on veut la faire rôtir il faut la piquer de petit lard, la dresser et la faire rôtir comme un poulet.

PERDRIX AUX CHOUX. (132)

Lorsque l'on veut servir les perdrix en entrée, il faut leur faire un trou à côté de chaque cuisse et entrer le coude dans l'estomac, ne laissant que les bouts des pattes hors du corps, on leur coupe le bout des onglons, on les pique au petit lard si l'on veut et on les fait cuire comme les poulets; il faut vingt minutes pour leur cuisson.

On fait cuire un joli chou gras, on le défeuille et on le fait bouillir dans de l'eau salée; lorsqu'il est cuit on le met dans une passoire et on le presse bien pour lui faire dégorger l'eau et on le range en quartiers du nombre de personnes que l'on a à servir.

On met un gros morceau de beurre dans la poêle et lorsque le beurre est chaud on farine un peu les quartiers de chou, que l'on met dans la poêle pour les faire bien roussir d'une jolie couleur des deux côtés.

On fait un petit roux bien léger, on y met un peu de bouillon et on brasse jusqu'à l'ébullition, on met alors le jus de la perdrix dedans.

On range les quartiers de chou autour d'un plat, en couronne; on place la perdrix au milieu et on verse la sauce sur les choux.

On sert le plat bien chaud.

QUENELLES. (163)

On emploie la chair de brochet ou à son défaut celle d'une grosse carpe au lait, on lui lève la première peau et on prend la chair de dessus les arêtes, on la met dans un mortier bien propre et bien sec, et on pile la chair du poisson, en ayant soin de sortir tous les fils à mesure qu'ils se montrent; lorsque la chair fait bien la pâte, on y ajoute la laitance que l'on pile un moment; après cela on y met un quart de beurre en continuant à piler : lorsqu'on ne voit plus le beurre, on pile une cuillerée de pâte à choux, que l'on bat bien ensemble, et au bout de quelques minutes on éclaircit avec des blancs d'œufs en les mettant un à un, en battant très-fort pour faire gonfler la pâte dans le genre de celle du pain, on la laisse aussi claire que l'on suppose pouvoir la rouler, on y met alors deux cuillerées à café de fécule de pommes de terre, du sel, une pincée d'épices à la place du poivre, ce qui les rend meilleures au goùt, on les bat encore cinq minutes et on les laisse reposer pendant une heure.

On saupoudre de farine une planche, on prend une cuillerée de la préparation ci-dessus que l'on pose sur la planche, et on la roule bien délicatement, lorsque l'on a roulé toute la préparation, on plonge les quenelles dans une casserole contenant de l'eau bouillante, et on la couvre hermétiquement pour qu'il n'entre point d'air; par ce moyen elles gonflent mieux; il ne faut que cinq minutes pour les blanchir, on les sort de l'eau avec une écumoire.

On fait un roux avec du bouillon et du jus,

en y ajoutant un peu de sauce aux tomates, si l'on en a ; on met dans la sauce quelques morceaux de champignons et des écrevisses, auxquels on fait faire deux ou trois tours dans la sauce, avec les quenelles bien étouffées.

On peut servir les quenelles en garnitures, autour de quelques plats d'entrée.

BROCHET EN ENTRÉE. (23)

On fait un court-bouillon comme à l'ordinaire. Il faut, pour tous les poissons d'eau douce, mettre du vin blanc sec, une demi-bouteille pour deux ou trois livres de poissons, et on met aussi tous les assortiments qui sont indiqués pour la tête de veau accommodée de cette manière ; on a soin, lorsque tous les assortiments sont cuits, de les sortir avec une écumoire, et on met alors le poisson quand le court-bouillon bout fortement.

On met une cuillerée de farine dans du beurre chaud, on lui laisse faire deux tours sans qu'elle roussisse, et on éclaircit avec un pochon de court-bouillon, et un demi-verre de crême ou de bon lait, on remue bien la sauce pour qu'elle soit lisse et épaisse comme une crême, on la retire du feu, et on y met tout le jus d'un citron, on la brasse et on la sert dans une saucière.

On met le poisson dans un plat long, avec une garniture de persil autour, ou sur des feuilles de vigne naissantes, pour donner un beau coup d'œil à son plat.

Tous les poissons d'eau douce en court-bouillon se préparent de la même manière. On a le soin de ficeler le poisson avec un gros fil avant de le mettre cuire, pour éviter qu'il ne tombe en morceaux par la surprise du feu; lorsqu'il est cuit on coupe le fil avec des ciseaux.

BROCHET. (22)

On prend un gros brochet charnu, on le nettoie par les oreilles autant que possible et on le fend sous le ventre, de manière qu'il reste bien entier; on partage la peau de dessus en quatre parties égales et on enlève la première partie ainsi que la troisième, sans abîmer la chair, on pique ces deux parties de petit lard comme un filet de bœuf; lorsqu'il est piqué on le fait mariner avec les assortiments ci-après : deux petits oignons coupés en quatre ou cinq morceaux, deux échalottes, un bouquet de persil, trois clous de girofle, un morceau de canelle, un peu de poivre et sel, une racine jaune coupée en quatre; on couvre le poisson de tous ces assortiments et on verse sur le tout une ou deux cuillerées d'huile d'olive et autant de vinaigre ; on le laisse ainsi deux ou trois heures pour lui faire prendre bon goût, on le met après ce temps au four, dans un plat long, avec tous les assortiments et un gros morceau de beurre frais ; on aura le soin de l'arroser souvent, et lorsqu'il prend de la couleur il est bon de le couvrir d'un papier blanc pour éviter que le lard ne brûle ; il faut alors ôter le papier dans son entier pour l'arroser et le remettre aussitôt après.

Il faut également avoir le soin de lui conserver une sauce qui ne soit pas trop courte ; on y ajoute une cuillerée de bouillon et on détache avec soin ce qui est autour du plat, afin de faire un bon jus.

Lorsque le poisson est cuit on met un petit morceau de beurre dans une casserole avec une cuillerée à café de farine à laquelle on laisse prendre un peu de couleur ; on prend alors tout le jus qu'on détache du plat avec une cuillerée ou deux de bouillon ou d'eau ; on met tout ce liquide dans la sauce de la casserole et on la brasse bien pour la lier et la rendre bonne et jolie ; on peut y ajouter un jus de citron et on sert cette sauce autour du poisson.

On sert aussi le brochet mariné et cuit de la même manière et la même sauce pour le servir, seulement on ne le pique pas, on l'écaille et on le lave ; on lui met la queue entre la machoire pour le servir en couronne et on le fait cuire avec tous les assortiments dans le milieu, et au moment de servir on les sort.

On peut aussi servir un barbeau de la même manière que le brochet, avec la même marinade et la même cuisson.

Le carpeau peut également s'apprêter de la même manière que les précédents et être servi avec la même sauce.

CARPE A L'ÉTUVÉE. (28)

On la met dans le court-bouillon ci-après : trois quarts de vin rouge et un quart d'eau, un morceau de canelle, quatre clous de girofle, une petite branche de thym, le quart d'une feuille de laurier, un bouquet de persil, poivre et sel, deux oignons, trois échalottes, le tout cuit ensemble à grand feu pendant quinze minutes et on retire tous les assortiments.

On coupe la carpe en trois ou quatre morceaux, on les lave et on les met cuire pendant cinq minutes dans le court-bouillon, lorsqu'il bout fortement.

On met un gros morceau de beurre frais dans une casserole, avec une pleine cuillerée de farine que l'on ne laisse cuire qu'un tour ; on éclaircit sa farine avec le court-bouillon de la carpe et on conserve la sauce de l'épaisseur d'une crême.

On coupe alors une miche par tranches, on les fait griller bien rousses, on les met dans un plat avec les morceaux de poissons dessus et on verse la sauce par dessus le tout.

On sert le plat sans le laisser trainer.

CARPE FRITE. (29)

On l'écaille bien, on la lave et on la sèche dans un linge, puis on la farine et on la met frire dans de l'huile bien chaude, sans avoir noirci ; lorsque la carpe est rousse d'un côté on la retourne de l'autre, et quand elle est assez cuite on la sort avec une écumoire, on la fait égoutter, on la sale des deux côtés, puis on la sert sur un plat long avec la moitié d'un citron à chaque extrémité.

On sert les tanches de la même manière que la carpe, ainsi que les petits goujons.

POISSONS EN MATELOTTE. (149)

Il faut plusieurs espèces de poissons, tels que : deux ou trois barbillons, autant de brochets, le même nombre de tanches, une petite carpe, une ou deux lottes, une petite truite ou deux, un ou deux lavarets ; on supprime les poissons que l'on ne peut pas se procurer ; on les écaille tous, on les vide, on sort les oreilles, on les lave convenablement et on les découpe en morceaux de cinq à six centimètres de longueur, on les met cuire dix minutes à grand feu dans le court-bouillon indiqué pour la carpe à l'étuvée et on retire les poissons du feu, il ne faut les mettre cuire que lorsque le court-bouillon bout fortement.

On met alors un gros morceau de beurre dans une casserole, avec une cuillerée à bouche de farine, que l'on fait cuire sans la laisser roussir ; on passe le court-bouillon afin qu'il reste clair, sans contenir autre chose que le liquide ; on éclaircit la farine avec et on conserve la sauce ni trop épaisse ni trop claire ; dans le cas où elle deviendrait trop claire on délayerait une cuillerée à café de fécule de pommes de terre avec un peu de court-bouillon et on la plongerait dans la sauce en la faisant cuire cinq minutes.

On dresse tous les morceaux de poisson sur un plat en mettant toutes les têtes au milieu, excepté celle d'un barbillon ; on range tous les morceaux droits en pyramide, pour la monter comme la pointe d'un clocher et on met la tête du barbillon au sommet, le bec en l'air ; on verse la sauce sur le plat et on met un œillet

ou une petite rose dans la bouche du barbillon ;
on fait une garniture au plat avec des croûtons
de pain découpés en cœur et dorés au beurre ;
pour dorer les croûtons de pain on fait chauffer
du beurre dans une casserole et on met dedans
les croûtons sans les laisser traîner.

SAUMON. (183)

Le saumon s'apprête en court-bouillon comme
tout autre poisson de mer ; pour ceux-ci on n'a
pas besoin de mettre du vin blanc, on le fait tout
à l'eau, avec les mêmes assaisonnements du
court-bouillon ordinaire ; on a soin de faire le
court-bouillon assez gros pour qu'il puisse couvrir en entier le saumon, que l'on fait cuire à
grand feu, après l'avoir ficelé pour que la chair
reste ferme.

On sert le poisson sur un plat long et la sauce
dans une saucière.

Si on veut le servir en second service, il faut
le servir froid avec une garniture ; on peut ôter
la première écorce d'un citron et le couper par
tranches minces que l'on festonne sur le tour
pour décorer le plat où est servi le poisson.

SAUMON SUR LE GRIL. (184)

On fait à l'avance une marinade avec : un oignon et deux échalottes découpés en plusieurs

morceaux, une racine jaune, un bouquet de persil, un morceau de canelle, deux ou trois clous de girofle, un petit morceau de thym, une cuillerée d'huile d'olive, autant de vinaigre, poivre et sel, brasser le tout ensemble et verser cette marinade sur une forte tranche de saumon, que l'on retourne de loin en loin, pendant une heure ou deux, pour lui en faire bien prendre le goût.

Lorsqu'on veut mettre cuire la tranche de saumon on la dresse dans un plat qui va au feu, on verse dessus toute la marinade dans le plat, on sort tous les assortiments en ne laissant que le persil et la racine jaune, on met dessus une légère pincée de panure et un morceau de beurre frais gros comme un œuf, que l'on découpe en petits morceaux sur la panure ; on a soin de l'arroser de temps en temps en conservant la sauce assez grande pour pouvoir l'arroser ; on peut mettre quelques cuillerées de vin blanc dans le plat, en ayant soin de détacher tout ce qui s'attache autour.

Lorsque le saumon est dressé sur le plat on le pare pour le servir ; on fait cuire une douzaine ou deux d'écrevisses dans un petit court-bouillon, on défait les queues, on les pique des deux côtés sur la tranche de saumon de manière à leur faire faire une boucle, en les rangeant en symétrie sur un rang tout autour.

On découpe une truffe noire par tranches de

l'épaisseur d'une pièce de cinquante centimes, on leur fait faire un tour sur le feu avec un morceau de beurre frais gros comme une noisette; on les sale afin de leur donner bon goût et on les pique dans la tranche de saumon, de manière qu'elles soient de la hauteur des queues d'écrevisses, en alternant, par rang, les unes et les autres, sur toute la longueur de la tranche.

On sert le saumon sur une sauce mayonnaise, pour plat d'entrée.

Le thon s'apprête de la même manière que le saumon.

SOLE A LA NORMANDE. (186)

Il faut mettre ensemble : une échalotte, un morceau de canelle, un bouquet de persil, une racine jaune découpée en quatre, la moitié d'un verre de vin blanc sec, un peu de poivre et de sel, du beurre, gros comme un œuf, que l'on découpe en petits morceaux.

On met les soles dans un plat avec tous les assortiments ci-dessus, on les fait mijoter pendant dix minutes, à petit feu, sur un fourneau; on met à part un morceau de beurre frais dans une casserole, on y verse une cuillerée à café de farine à laquelle on fait faire deux tours; on retire les soles du feu, on prend tout le liquide du poisson et on le verse dans une casserole pour éclaircir la farine ; si la sauce est trop épaisse on y ajoute un peu de bouillon et du vin blanc pour l'éclaircir ; on met alors dans la sauce : des champignons, des quenelles, des queues d'écrevisses ; on fait cuire tout cela quelques tours ; on verse toute la sauce, avec ces derniers assortiments, sur les soles, et on met le plat au four; dix minutes suffisent quand il y a bon feu. Lorsque les soles sont glacées elles sont cuites et on peut les servir.

Pour garniture on met sur les soles une douzaine d'huîtres, auxquelles on a fait faire un tour dans un peu de vin blanc sec, et autour du plat on met de grosses écrevisses, auxquelles on a décossé les queues et que l'on place de manière à imiter l'intention de grimper sur le plat.

FILETS DE SOLES. (74)

On courbouillonne les soles. On a à part une casserole dans laquelle on met la moitié d'une cuillerée à bouche de farine sur du beurre chaud, ne lui laissant faire que deux tours ; on prend alors un pochon de court-bouillon pour éclaircir la farine, ainsi qu'un demi-verre de crême, on remue bien le tout ensemble pour bien lier la sauce, que l'on goûte. Il faut qu'elle soit un peu piquante, sans être trop forte ; si elle ne l'était pas assez on remettrait un peu de court-bouillon.

Pour servir les soles on les sort du court-bouillon, on les partage en deux par l'arête du milieu, puis on fend chacun de ces deux morceaux en deux parties égales, toujours dans le sens de leur longueur, et on coupe alors ces languettes par morceaux de la longueur de quatre centimètres environ, que l'on range tout autour d'un plat rond. Quand on a un grand nombre de personnes à table on double le rang en les abouchant l'un sur l'autre, puis on verse la sauce après y avoir pressé le jus d'un citron que l'on brasse avec au milieu du plat, de sorte qu'elle en remplisse la moitié et qu'elle arrive à la moitié de la hauteur des filets.

LOUP DE MER. (107)

Le loup se cuit comme tous les poissons en court-bouillon, seulement on le fait simplement à l'eau, sans vin, la marée n'en ayant pas besoin, et on le sert avec la même sauce que le brochet ou la sole.

On apprête de la même manière le mulet et la muge.

TURBOT. (197)

On enlève la peau noire du turbot et on le
frotte avec un citron coupé par le milieu, afin
qu'il reste blanc, on le met alors en court-bouillon; pour connaître si sa cuisson est complète
on le touche avec un brin de paille, quand la
paille entre il est cuit. On le sert sur une planche garnie d'une serviette, et on sert la sauce
dans une saucière que l'on fait passer à la suite
du turbot.

PETITS POIS. (138)

On met un oignon dans du beurre, aussitôt
que le beurre se dore on y verse pour dix centimes de lard maigre, coupé en petits morceaux;
lorsque le lard se dore à son tour on y ajoute
du bouillon, en faisant la sauce proportionnée à
la quantité de petits pois que l'on veut mettre
dedans. Quand la sauce bout on verse les petits
pois, en ajoutant une laitue, un peu de poivre et
de sel, on couvre le tout, puis on les retire pour
les faire cuire à petit feu. On peut aussi y mettre
du jus de rôti, avec un morceau de sucre gros
comme une noisette, ce qui les rend meilleurs.
On ne doit pas s'apercevoir du goût du sucre.

POIS SUCRÉS.

Si on veut les manger au sucre, il les faut de la première venue afin qu'ils soient fins et tendres, on les fait cuire simplement avec un morceau de beurre bien frais et du sucre. On délaye trois jaunes d'œufs avec deux bonnes cuillerées de crème, on y ajoute deux cuillerées de sauce chaude et on remue, puis on jette ce mélange dans les pois; lorsqu'ils sont cuits on brasse un moment en tenant la casserole près du feu pour que la sauce ne tourne pas, et on la vide sans la quitter.

ÉPINARDS. (66)

On choisit bien les épinards et on les lave proprement pour qu'il ne reste point de terre dedans. On les met cinq minutes dans de l'eau bouillante sans les couvrir, on les retire en les plaçant dans une passoire pour les faire égoutter; lorsqu'ils le sont on les met dans un grand vase avec de l'eau fraîche pour leur ôter leur âcreté, après dix minutes on les fait égoutter de nouveau et on les presse entre les mains pour en faire sortir toute l'eau, on les hâche bien fin et on les met cuire avec un morceau de beurre frais, dans une casserole, à petit feu et pendant longtemps, on les remue souvent avec une cuillère de bois, on les retire du feu tout bouillants et on met dessus un morceau de beurre frais, que l'on brasse avec les épinards, sans les remettre sur le feu ; on les sert tels que dans un plat, si on a du jus de rôti on le sert dessus. On peut aussi faire une garniture de croûtons dorés, comme il est dit pour les poissons en matelotte.

La chicorée s'accommode de la même manière que les épinards et se sert de même.

OSEILLE. (125)

On fait cuire l'oseille de la même manière que les épinards, en ayant soin de bien la faire tremper à l'eau froide, comme les épinards, après sa cuisson à l'eau, pour lui sortir son âcreté. On met pour l'oseille un gros morceau de beurre frais dans une casserole, on y ajoute une demi-cuillerée de farine à laquelle on fait faire deux tours, puis on y place l'oseille que l'on fait cuire longtemps et à petit feu, en la remuant souvent pour l'empêcher de brûler, on peut ensuite l'éclaircir avec de la crème, du lait ou du jus.

On garnit le plat avec des œufs cuits durs et coupés en quatre quartiers, que l'on place en couronne autour du plat.

LAITUES GLACÉES. (105)

On choisit les laitues comme pour une salade, on les lave proprement et on les fait cuire de manière que les côtes puissent s'écraser; on les retire du feu, on les met égoutter dans une passoire, puis on les presse dans les mains comme les épinards; on en prend une petite quantité que l'on range de la forme d'une laitue entière et ainsi de suite jusqu'au bout; lorsqu'elles sont toutes prêtes on les farine des deux côtés sur une planche que l'on a précédemment farinée et on les plonge dans le beurre bien chaud, que l'on a mis dans la poêle; lorsqu'elles sont devenues bien rousses des deux côtés, on les dresse en les rangeant sur un ou plusieurs rangs autour du plat, on verse une sauce au jus dans le milieu et on sert le tout très-chaud.

BLETTES EN SAUCE BLANCHE. (16)

Il faut couper les deux bords des côtes afin de sortir les feuilles et ne conserver que les côtes, on les recoupe ensuite en plusieurs morceaux, de la longueur d'un doigt, en enlevant tous les fils qui paraissent au moment de la coupure, on les lave et on les met cuire dans une marmite contenant assez d'eau pour bien les baigner, on sale l'eau pour qu'elles aient meilleur goût ; lorsqu'elles sont cuites on les fait égoutter dans une passoire. On fait alors une bonne sauce blanche de la manière suivante : on met une cuillerée de farine dans un gros morceau de beurre frais fondu à la casserole, on remue la farine sans la laisser jaunir, on éclaircit avec de la crème ou du lait en brassant continuellement jusqu'au moment où la sauce bout, pour qu'elle soit bien liée comme une bonne crème épaisse : poivrer et saler et y plonger les côtes de blettes que l'on fait cuire cinq à dix minutes dedans, retirer la casserole de dessus le feu et y verser de suite deux jaunes d'œufs brassés avec une pleine cuillère de crème ou de lait, remuer quelques tours sans la remettre sur le feu, pour que la sauce ne tourne pas. On peut ajouter un jus de citron au moment de servir, cela fait une très-bonne sauce.

BLETTES EN GRATIN. (17)

Il faut se servir du plus joli plat que l'on a, on met au fond une couche de côtes de blettes et une couche de fromage râpé dessus, en continuant alternativement couche de blettes et

couche de fromage jusqu'en haut du plat, on le
saupoudre de panure de pain et par dessus un
gros morceau de beurre frais découpé ; on met
le plat ainsi préparé au four, lorsqu'il est cuit et
bien glacé on peut le servir.

BLETTES AU JUS. (15)

Les blettes s'apprêtent aussi avec une sauce
au jus, on les fait cuire dix minutes dedans.

BLETTES SAUTÉES A LA POÊLE. (14)

On met du beurre dans une poêle, suivant la
quantité de blettes que l'on veut accommoder,
lorsque le beurre est fondu on y place les blettes
que l'on fait cuire à petit feu, elles dépensent
moins de beurre ; on les poivre et sale et lorsqu'elles sont bien mijotées dans le beurre et dorées, on y ajoute, en les sautant sans les remettre
sur le feu, la valeur d'un quart de fromage râpé,
pour un plat de quatre à cinq personnes ; le fromage file à l'intérieur dans les blettes et le plat
est prêt à servir.

CHOU-FLEUR (37)

Il faut avoir soin de bien le choisir et net-
toyer afin qu'il ne reste point de chenilles , on

enlève la pelure par le bout des branches, on le fait cuire à grande eau, baignant toujours le pied qui est plus dur que la fleur, on le dresse sur un plat, on verse dessus une sauce blanche, faite comme celle que nous avons indiquée pour les blettes, et on sert le plat chaud.

On peut également le servir avec une sauce au jus, en le faisant cuire un moment dedans.

Le chou-fleur se met aussi en salade.

CHOUX ORDINAIRES (38)

Tous les choux dont on se sert pour la soupe peuvent se servir sur le plat.

On les fait cuire à l'eau et lorsqu'ils le sont on les presse pour leur faire dégorger l'eau qu'ils contiennent, on met alors un morceau de beurre dans une casserole et on y ajoute une cuillerée de farine à laquelle on laisse faire un tour, puis on met dedans les choux que l'on a hâchés bien fins, on les laisse cuire un quart d'heure en les remuant de temps en temps afin qu'ils ne brûlent pas ; lorsqu'ils ont cuit longtemps on les éclaircit avec du lait et on les poivre et sale, on bat deux ou trois œufs qu'on brasse dedans, on vide les choux dans un plat qui va au feu, on place dessus du beurre découpé en petits morceaux et on met le plat au four pour les faire glacer.

Les choux s'accommodent aussi comme les épinards ; on met, à la place du beurre et du jus, de la graisse de rôti.

RACINES JAUNES. (165)

On fait cuire les racines jaunes dans de l'eau que l'on a salée, puis on les pèle et on les découpe par tranches bien minces ; on leur fait alors faire quelques tours dans une sauce blanche ordinaire et on les remue souvent pour qu'elles ne prennent pas un goût de brûlé. On peut, au moment de les servir, lier la sauce avec deux jaunes d'œufs, ce qui les rend meilleures.

RACINES JAUNES AU VIN BLANC. 66

On les apprête de la même manière que ci-dessus, seulement, dans la sauce blanche, on met de l'eau au lieu de lait et on y ajoute deux cuillerées de vin blanc, lorsque tout est cuit ensemble on lie la sauce avec deux jaunes d'œufs.

RACINES JAUNES EN SALADE. 167

On fait la sauce comme pour toute autre salade, en y ajoutant une petite poignée de cerfeuil hâché bien menu.

RACINES JAUNES A LA POÊLE. 168

On les apprête comme pour la sauce blanche, après les avoir coupées en tranches minces ; on les fait cuire à la poêle, le même temps que des pommes de terre.

CÉLERIS-RAVES. 33

Après les avoir pelés et fait cuire à l'eau, découpés en petits quartiers gros comme le doigt, on les fait cuire dix minutes dans une bonne sauce au jus.

CÉLERIS. 82

On enlève premièrement toutes les mauvaises branches creuses, on pèle les pieds et on les coupe pour leur donner la même longueur, tout en les laissant néanmoins entiers. Après les avoir fait tremper dans l'eau pour les laver on les fait cuire dans l'eau salée pour qu'ils prennent bon goût, en ayant soin de ne pas les laisser se briser pendant cette cuisson ; on les retire pour les faire égoutter lorsqu'ils sont cuits, on leur fait faire deux ou trois tours dans une sauce au jus, en évitant de les casser pour leur laisser meilleure tournure, et on les sert.

RAVES AU JUS. 169

On découpe les raves ou navets, par morceaux gros comme le doigt, on les fait tremper dans de l'eau fraîche pour les adoucir et on les fait cuire au beurre dans la poêle, que l'on a soin de couvrir pour qu'elles absorbent moins de beurre ; lorsqu'elles sont à moitié cuites on découvre la poêle et on les laisse dedans jusqu'à ce qu'elles soient rousses ; on les sort de la poêle avec une écumoire pour laisser le beurre, on leur fait faire alors quelques tours dans une sauce au jus bien assaisonnée de poivre et de sel, on peut aussi y mettre un petit morceau de sucre pour rendre les raves plus douces et leur donner meilleur goût. On ne doit pas les laisser trop longtemps dans la sauce, et si elles étaient trop grasses on aurait la précaution de les dégraisser avant de les servir.

Les raves, accommodées de la même manière, peuvent se servir autour d'un canard, elles sont très-bonnes.

Les raves sont également bonnes en sauce blanche, faite comme il a été dit précédemment.

CONCOMBRES. 46

Les concombres sont très-bons farcis. On fait sortir tous les pépins intérieurs, puis on les pèle et coupe par le milieu, on les creuse alors avec le manche d'une fourchette et on les remplit avec un peu de viande hâchée, soit rôti de veau, gigot ou rouelle (ce qui ne peut reparaître sur la table), il en faut très-peu. On fait bouillir un quart de litre de lait dans lequel on met de la mie de pain, comme pour en faire une soupe, on laisse cuire un peu le pain et on l'écrase, on hâche un peu de cerfeuil et de persil que l'on brasse avec la viande déjà hâchée, en y ajoutant un œuf ou deux, du poivre et du sel ; on remue le tout ensemble de manière à bien mélanger.

On met alors les morceaux de concombres, garnis de la préparation ci-dessus, dans un plat à gratin, on les panure et on place sur la panure du beurre découpé en petits morceaux, on peut y mettre aussi une cuillerée d'huile fine et deux cuillerées de vinaigre, on met le plat au four pendant une heure et demie, en le faisant cuire à petit feu en ayant soin de l'arroser de temps en temps.

AUBERGINES OU MÉLONGÊNES. 2

Les aubergines s'accommodent de la même manière que les concombres et se cuisent de même, seulement on les apprête différemment avant de les remplir de la farce indiquée pour les concombres.

On les pèle très-mince, on les partage en deux dans leur longueur et on les cisèle légèrement avec la pointe d'un couteau, puis on les sale pour leur faire dégorger l'eau qu'elles contiennent; lorsque le sel est resté une heure dessus on les presse avec les mains pour faire sortir le sel et l'eau et on enlève les pépins, elles sont alors creuses et on peut les préparer comme il est dit ci-dessus.

AUBERGINES AU MAIGRE. 3

Pour les apprêter au maigre on change la farce grasse en farce maigre, ainsi qu'il est dit ci-après :

On fait durcir deux ou trois œufs que l'on hâche avec un peu de cerfeuil et un morceau d'aubergine, on fait cuire à part de la mie de pain dans du lait, et lorsqu'on l'a écrasée on y ajoute deux œufs crus broyés ensemble, on mêle le hachis ci-dessus avec, et on apprête alors l'aubergine de la même manière qu'avec la farce grasse.

HARICOTS VERTS FINS. 103

Il faut les effiler et les laver, faire bouillir de l'eau, y mettre une grosse poignée de sel avant les haricots, et les faire bouillir à grand feu sans les couvrir, de cette manière ils restent verts ; il ne faut pas les laisser trop cuire pour qu'ils restent craquants, dix minutes doivent suffire, puis on les retire et on les fait égoutter et lorsqu'ils le sont on les plonge dans la poêle qui contient du beurre frais bien chaud, on les saute sans les faire traîner.

Lorsque les haricots sont bien fins, ils sont bons soit dans une sauce blanche, soit dans une sauce au jus.

POMMES DE TERRE AU JUS. 151

On coupe les pommes de terre par quartiers

et on les arrondit, on se sert du beurre ou de la graisse pour les faire glacer. Quand elles sont bien dorées, on les sort avec l'écumoire en égouttant bien le beurre et on les met cuire cinq minutes dans une sauce au jus; pour qu'elles soient bonnes il ne faut les accommoder qu'au moment de les servir.

CROQUETTES DE POMMES DE TERRE. 60

On fait cuire trois pommes de terre, bien farineuses, au four ou dans une marmite, et on les pile dans un mortier bien propre jusqu'à ce qu'elles fassent la colle; lorsque la pâte n'est plus chaude on met un morceau de beurre frais dedans, gros comme un petit œuf, attendu que si on en mettait trop la pâte serait lourde et ne gonflerait pas autant. On pile bien le beurre pour bien le mélanger et le rendre imperceptible, on a soin de battre de travers comme pour le pain, on casse des œufs crus dedans, un par un, jusqu'à ce que la pâte soit redevenue sèche en continuant à la battre, il faut qu'elle ne soit ni trop ferme ni trop tendre, pour s'en assurer on en prend une cuillerée que l'on pose sur une assiette, elle ne doit pas s'étendre. On y met alors un peu de sel et on la bat bien une dernière fois; on aura soin de laisser lever la pâte pendant au moins une demi-heure.

Lorsque la friture est bien chaude on trempe une cuiller de fer dedans pour que la pâte ne s'attache pas après, on prend la moitié d'une cuillerée de pâte à la fois pour mettre dans la friture, on peut en mettre huit ou dix ensemble, lorsqu'elles sont montées elles remplissent la poêle, il faut qu'elles soient bien baignantes; on les tourne avec une fourchette à mesure qu'elles se fendent pour gonfler, lorsqu'elles sont bien rousses de tous les côtés on les sort avec une écumoire pour les mettre dans une passoire et on les sert chaudes.

MACARONIS. 108

On met les macaronis dans de l'eau bouillante salée; lorsqu'ils sont cuits on les sort de l'eau et on les met immédiatement dans une casserole avec un gros morceau de beurre frais et un quart de fromage de gruyère râpé, on les saute plusieurs fois avec la casserole sans la mettre sur le feu et on les sert tout crémeux dans le plat.

MACARONIS EN GRATIN. 63

Lorsqu'ils sont cuits à l'eau on met dans un

plat une couche de macaronis et une couche de fromage et ainsi de suite jusqu'à ce que le plat soit plein, on les saupoudre de panure et on met sur la panure du beurre découpé, on met alors le plat au four (si on a pas de four on achète un four de campagne qui coûte deux francs), dans ce cas on met un peu de braise sous un trépied, on pose le plat dessus et on le couvre avec le four de campagne sur lequel on met du charbon brûlant, lorsque les macaronis sont dorés on peut servir le plat.

MACARONIS AU JUS. 109

On fait cuire les macaronis avec un peu de bouillon, on les sale et poivre un peu; lorsqu'ils sont cuits on verse dessus du jus de volaille ou de rôti de gigot, on les saute ensemble et on les sert.

MACÉDOINE. 161

On nomme macédoine une salade cuite, pour la faire il faut n'employer que des légumes cuits de la manière suivante :

La plus forte partie en pommes de terre, puis des lentilles, des haricots, des racines jaunes, des betteraves, des anchois, du thon, des truffes noires, si on en a, des olives dont on sort les noyaux, des scorsonères, deux ou trois cornichons, le tout découpé par tranches bien minces ; on doit la faire longtemps à l'avance, l'assaisonner de poivre et de sel, d'huile et de vinaigre, la bien remuer et la monter en forme de pyramide dans le saladier.

Pour la parer on coupe une tranche de betterave de l'épaisseur d'un millimètre et une tranche de racine jaune, on sépare les jaunes des blancs des deux œufs cuits durs, on coupe un des blancs dans sa longueur pour en faire des filets et trois ou quatre filets de betterave, on fait également des filets de racine jaune en en découpant une par sa longueur, on coupe aussi un cornichon par le milieu et on en fait aussi des filets, on met tous les filets de côté. On prend un céleri que l'on découpe en petits filets aussi minces que possible, excepté une des extrémités pour soutenir les filets, et on met le céleri dans un seau d'eau afin qu'il baigne deux ou trois heures, tous les filets se frisent, on le plante au milieu de la salade pour en faire le bouquet. On place alors les différents filets que l'on avait mis de côté, en les piquant d'un bout dans le céleri et laissant tomber l'autre sur la salade, on place au milieu les filets de betterave, racine jaune, blanc d'œuf et cornichons, qui restent tout droits étant plus fermes ; on coupe alors sur une planche, en petits morceaux, un peu de bette-rave, de racine jaune, les blancs d'œufs, les jau-nes, en conservant chaque chose à part sans les mêler, on place autour du saladier un rang de la largeur d'un doigt de betterave, puis un tour de cerfeuil hâché bien fin, en le rapprochant du centre, puis un tour de blanc d'œuf, un de racine jaune, un de betterave, un de jaune d'œuf, un de blanc d'œuf, un de betterave, en suivant de la sorte, afin de varier les couleurs, jusqu'au centre et vers le bouquet, de sorte que la salade soit toute cachée par la garniture.

CRÈME CORSE. 55

On fait deux sortes de crèmes : celle à la vanille et celle au chocolat. Cette dernière doit être faite plus grosse que la première.

1° *Crème à la Vanille.*

On met un morceau de vanille dans un demi-litre de lait, on y ajoute le sucre convenable, on délaie une demi-cuillerée à café de fécule de pommes de terre dans une cuillerée de lait, on la verse alors dans le lait bouillant, et on la fait bouillir quelques tours ; il ne faut pas autant d'œufs en employant ce moyen, et comme on en met peu la crème n'en prend pas le goût. On sépare les jaunes des blancs de quatre œufs, et on brasse les jaunes avec deux cuillerées de lait chaud, ce qui fait qu'ils ne sont pas aussi surpris que si on ne s'était pas servi de lait chaud ; on retire la casserole du feu et on verse dedans les œufs délayés en les remuant constament avec une cuiller en bois, sans s'arrêter, on rapproche la casserole du feu pour faire épaissir, sans discontinuer de remuer et jusqu'au fond de la casserole et sans la laisser bouillir ; lorsqu'elle est suffisamment liée on la verse dans une passoire à grands trous placée sur le vase dans lequel on désire mettre la crème.

Lorsque la crème est faite on la place dans un endroit frais pour la faire prendre.

Il ne faut pas s'occuper d'autre chose en faisant une crème, car il ne faut pas l'abandonner un seul instant.

2° *Crème au Chocolat.*

On met dans une casserole un quart de chocolat avec un petit verre d'eau, on fait bouillir en ayant soin de remuer de temps en temps afin que le chocolat se fonde bien, on y ajoute un demi-litre de crème ou à son défaut du lait, on remue bien le tout pour obtenir le mélange et on le fait cuire à petit feu, on délaie deux jaunes d'œufs pour mettre dans la crème la quantité nécessaire, suivant son épaisseur ; on la passe pour la rendre plus claire et bien jolie et on la met au frais.

Il ne faut dresser la crême corse qu'une heure avant de la servir, pour que les biscuits soient moins trempés.

On prépare le quart d'un verre de kirsch et un demi-quart de biscuits découpés de la grosseur d'une noisette.

On commence à mettre une couche de crême à la vanille au fond de la jatte ou du plat dont on veut se servir, on met dessus une couche de biscuits découpés comme il est dit ci-avant, en les trempant vivement dans le kirsch, afin que la quantité que nous avons indiquée puisse servir pour tous les morceaux de biscuits, puis au dessus une couche de crême au chocolat, sur laquelle on étend une couche de crême à la vanille, en continuant dans le même ordre et en finissant par une couche de crême à la vanille pour cacher le tout.

Il faut avoir soin de poser chaque couche avec légèreté, afin qu'elles se mêlent le moins possible.

CRÊMES A SERVIR SEULES. 57

Lorsqu'on veut servir les crêmes seules, soit celle à la vanille soit celle au chocolat, on les fait de la manière que nous avons indiquée pour la crème corse, en les faisant seulement moins épaisses.

SAMBAYON AU CHAMPAGNE. 185

On met dix jaunes d'œufs dans un saladier avec dix cuillerées de sucre pilé bien fin, lorsque le vin de Champagne bout (il en faut une bouteille), on ajoute un morceau de cannelle et trois clous de giroffle que l'on laisse cuire dix minutes, après ce temps on les retire, on prend alors deux cuillerées du vin chaud que l'on verse sur les œufs, que l'on a déjà brassés cinq minutes avec le sucre, on les brasse de nouveau deux ou trois tours, on retire un peu la casserole du feu et on vide dedans les œufs en les remuant sans discontinuité et avec une cuiller de bois, on remet la casserole sur le feu en continuant de remuer; si le feu est un peu trop vif on retire la casserole et lorsque l'on voit que le mélange est assez lié on sort complètement la casserole du feu, afin que le sambayon ne tourne pas, on le verse ensuite dans une passoire à gands trous placée sur la crémière dans laquelle on veut le servir.

Si on ne passait pas la crème, il resterait toujours, malgré tous les soins possibles, quelques morceaux de blanc d'œuf qui seraient cuits durs et qui seraient désagréables à trouver sous la dent, tandis qu'ils restent dans la passoire.

CRÊMES DIVERSES. 58

Toutes les crèmes se font à peu près de la manière que nous avons indiquée plus haut, en leur donnant le parfum que l'on désire. Si on veut une crème au citron, il faut frotter avec deux petits morceaux de sucre la peau jaune du citron et aussitôt que l'on aperçoit le blanc il faut changer de place; on met dans la crème les morceaux de sucre avec lesquels on a frotté le zeste du citron, on goûte la crème pour s'assurer qu'elle en a pris le goût sans l'avoir trop fort, car il ne faut pas qu'il domine.

CRÊMES AUX AMANDES. 58

Il faut les noyaux d'une livre d'amandes pour une crème de vingt personnes. On les fait premièrement tremper dix minutes dans l'eau bouillante, puis on les serre avec les doigts pour leur sortir la peau noire qui s'en va de suite et on les plonge aussitôt dans de l'eau fraîche, quand elles sont toutes prêtes on les pile dans un mortier très-propre afin que la pâte reste blanche ; il faut verser de temps en temps quelques gouttes d'eau dans le mortier pour éviter qu'elles fassent l'huile.

On fait bouillir un litre et demi de lait dans une casserole en cuivre, lorsque le lait bout on étend un linge croisé sur une soupière et on place dessus les amandes en les élargissant, on vide la moitié du lait bouillant, on serre le linge fortement pour en faire sortir le lait, on le rouvre et on l'étend de nouveau comme la première fois pour y verser la seconde moitié du lait sur les amandes, on brasse vivement le lait avec les amandes, et on represse très-vite le linge pendant que le lait est encore bouillant, parce-qu'il sort plus facilement et prend mieux le goût des amandes ; lorsqu'il n'en sort plus on remet le lait sur le feu, dans la même casserole, en le remuant avec une cuiller en bois sans disconti-nuer, jusqu'à ce que la crème soit assez épaisse, il faut qu'elle chauffe doucement et sans bouillir, on la verse alors dans le plat pour la mettre au frais où elle se prend bien liée.

Si on ne veut pas avoir l'ennui de piler les amandes, on peut les prendre chez un confiseur, elles ne coûtent pas plus cher.

BLANC-A-MANGER. 123

Il ne faut que trois quarts de livre d'amandes pour faire un blanc-à-manger. On fait la crême comme celle aux amandes, il n'est pas utile qu'elle soit aussi épaisse, on goûte la crême pour s'assurer qu'elle est assez sucrée; si elle est bonne on la met refroidir et lorsqu'elle est tiède on fait fondre dans la moitié d'une tasse d'eau bouillante trente grammes de colle de poisson, la plus fine que l'on peut trouver; on la brise par petits morceaux et on la remue avec une cuiller à café pour la faire bien fondre, on la vide alors dans une passoire à tamis dans la crême; il faut verser la colle de poisson dans la crême tiède, autrement elle ne se mêlerait pas aussi facilement avec, on les brasse bien ensemble afin de ne point sentir le goût de la colle, et on la met dans un joli moule à gâteau, on la place à l'endroit le plus froid que l'on a. Il faut que le blanc-à-manger soit très-ferme pour qu'il ne s'étende pas dans le plat et qu'il conserve la forme du moule, s'il ne l'était pas assez on en-velopperait le moule avec de la glace, pour le faire prendre; on la joint bien autour du moule et on y met une poignée ou deux de sel pour la frapper, elle glace mieux et ne fond pas aussi vite.

PLOMB-PUDDING.   143

On fait cuire dix minutes toute la mie d'une brioche de quinze centimes dans un peu moins d'un demi-litre de lait, en ne mettant la mie de la brioche que lorsque le lait bout, on la retire du feu pour la faire refroidir et on l'écrase bien, on y ajoute le sucre pilé nécessaire au gâteau, dix grammes de raisin de Corinthe, auxquels on enlève toutes les queues, gros comme une noisette d'écorce d'orange râpée avec la râpe à sucre, la même quantité de cédrat également râpé, cinquante grammes de raisin de Malaga, dont on sort les gros pépins, le quart d'un verre ordinaire de bon rhum, on brasse le tout ensemble, on casse trois œufs en séparant les jaunes des blancs, on brasse deux jaunes dans le mélange du gâteau, et on bat les trois blancs en neige bien montée que l'on ajoute en dernier lieu au mélange, en les brassant quelques tours.

Il faut alors graisser de beurre bien frais un moule, en le graissant pour parer le gâteau avec des raisins de Malaga suivant le dessin du moule; le beurre les fait tenir et on remplit le moule du mélange ci-dessus et on le met promptement dans un bain-marie, il ne faut pas que l'eau puisse entrer dans le moule, on le met dans le four fermé, on le regarde de temps en temps pour qu'il ne brûle pas ; lorsque le gâteau est monté et bien doré on le couvre avec une double feuille de papier pour qu'il ne brûle pas.

Pour s'assurer que le gâteau est cuit, on plonge dedans la lame d'un couteau, il faut qu'elle ressorte nette et qu'il ne reste rien après.

On sert autour du gâteau une petite sauce ou un sirop, soit : un peu de gelée de groseille qu'on éclaircit avec un peu d'eau chaude en y ajoutant une cuillerée à café de rhum ; on goûte et si la sauce est bonne on la sert. On peut aussi servir du vin vieux sucré dans lequel on fait cuire un morceau de canelle.

GATEAU DE MARRONS. 83

On pèle quarante marrons ordinaires, que l'on fait cuire avec de l'eau un peu salée ; lorsqu'ils sont cuits on sort la première peau, on met environ un quart de sucre avec le quart d'un verre d'eau dans une casserole, lorsque le sucre est fondu on y plonge les marrons et on leur fait faire quelques tours dans le sucre, en les conservant entiers autant que possible ; on les retire alors du feu pour les faire refroidir, on brasse premièrement deux jaunes d'œufs et une cuillerée d'eau de fleur d'orangers avec les marrons, et on bat trois blancs d'œufs en neige que l'on y ajoute en dernier en les brassant de nouveau : on graisse bien le moule avec du beurre frais, afin qu'ils ne s'attache pas, on remplit le moule de la préparation que l'on a faite, et on fait cuire au bain-marie comme le plomb-pudding. On s'assure que le gâteau est cuit en le piquant avec un couteau, si la lame sort bien lisse c'est qu'il est cuit.

On peut servir autour du gâteau de marrons les sauces qui se servent avec le plomb-pudding.

GATEAU AU CHOCOLAT.   84

On pile environ soixante grammes de chocolat, lorsqu'il est bien fin on pile avec le chocolat un quart de beurre bien frais et on y ajoute deux jaunes d'œufs et le sucre nécessaire, ainsi que de la mie de brioche que l'on a fait cuire dans du lait et que l'on a écrasée, on repile le tout ensemble, on verse dedans trois ou quatre blancs d'œufs battus en neige et bien montés que l'on brasse avec le tout dans le mortier.

On graisse avec du beurre un moule à dessin, comme il a déjà été dit pour les autres gâteaux, on vide alors le tout dans le moule et on le fait cuire au bain-marie, dans le four d'un fourneau.

On prépare aussi une crème au chocolat sans

la faire trop épaisse, et pendant une demi-heure
que le gâteau est cuit et refroidi, on verse la
sauce autour, pour le garnir, au moment de le
servir.

FROMAGE BAVAROIS. (77)

On prépare une petite crème à la vanille,
lorsqu'elle est froide on fouette une chopine de
crème bien ferme avec du sucre pilé, au moyen
d'un fouet en fer; lorsque cette crème est prête
on la mélange avec la crème à la vanille, en les
remuant ensemble; puis on verse le tout dans
un moule, et on fait glacer par le procédé em-
ployé pour le blanc-à-manger.

On ne sort le fromage bavarois du moule
qu'au moment de le servir, afin qu'il ne tombe
pas.

SOUFFLET DE SEMOULE. (187)

On fait cuire dans du lait sucré deux petites
cuillerées de semoules, et lorsque la semoule
est cuite on y ajoute du zeste de citron râpé
avec un morceau de sucre; quand elle est devenue un peu épaisse on la fait refroidir et l'on
brasse deux jaunes d'œufs avec, puis on bat trois
blancs d'œufs en neige bien ferme que l'on brasse

également dedans, on goûte alors si la préparation est sucrée comme il faut, et on la met dans
un plat à gratin, que l'on fait cuire au four.

Il faut ne mettre le plat au four que dix minutes avant de le servir, temps nécessaire pour
sa cuisson; pour l'avoir bien monté il faut tenir
le four fermé et ne le sortir qu'au dernier moment pour qu'il ne retombe pas.

SOUFFLET AU RIZ.   (188)

On fait cuire dans du lait bien sucré une
bonne cuillerée de riz avec un morceau de
vanille, que l'on sort aussitôt qu'il a donné un
peu de parfum ; lorsque le riz est bien cuit on
le retire du feu et on le fait refroidir, puis on
continue la même préparation que pour le souf-
flet à la semoule.

SOUFFLET A LA GELÉE DE GROSEILLE. (189)

On brasse dans un plat à gratin un verre
ordinaire de gelée de groseille avec une cuillerée
à bouche d'eau, et on l'éclaircit avec cinq blancs
d'œufs battus en neige et bien montés en les
brassant quelques tours dans la gelée, puis on
met pendant dix minutes le plat au four pour le
faire cuire.

SOUFFLET DE MARMELADE D'ABRICOTS.
(190)

Il se fait exactement de même que celui à la gelée de groseille.

GELÉE A L'ORANGE. (94)

On choisit quatre à cinq oranges, bien fines et douces, on les coupe en deux, puis on les serre fortement pour en extraire tout le jus; il en faut le quart du moule.

On fait bouillir un quart de sucre dans l'eau nécessaire pour remplir le moule avec le jus d'orange, sans y mettre ce jus; lorsque l'eau a fait un seul tour de bout on la retire du feu et on attend qu'elle soit tiède pour y verser trente grammes de colle de poisson, la plus claire et la plus blanche qu'on pourra trouver, on la fait fondre dans une tasse avec de l'eau bouillante en la remuant avec une cuiller à café, on verse aussi le jus d'orange dans l'eau tiède et on brasse le tout ensemble, on goûte alors si la gelée est assez sucrée, si elle ne l'était pas on remettrait du sucre pilé.

Puis on la vide dans le moule et on la met dans l'endroit le plus froid pour la faire prendre;

lorsqu'on voudra l'aboucher sur le plat, si elle ne se détachait pas, on tremperait le moule vivement dans de l'eau chaude.

GELÉE DE GROSEILLE ET FRAMBOISE.
(91)

On fait bouillir un peu de sucre dans un verre d'eau et on fait fondre dedans un demi-verre de gelée de groseille et autant de framboise, lorsqu'elles sont fondues on voit si la quantité est suffisante pour remplir le moule, dans le cas contraire on met de l'eau froide et on brasse, puis on goûte pour s'assurer que c'est assez sucré. On fait fondre trente grammes de colle de poisson, comme pour la gelée à l'orange, que l'on verse dans le mélange ci-dessus lorsqu'il est tiède, puis on la verse dans le moule et on la place dans l'endroit le plus froid pour faire prendre la gelée; si elle ne prend pas assez on se sert de la glace de la même manière que pour le blanc-à-manger.

GELÉE AU RHUM. (95)

La gelée au rhum se fait comme toutes les autres gelées; il faut trente grammes de colle

de poisson pour un plat de vingt personnes, on
met le quart d'un verre ordinaire de bon rhum,
on la goûte, et si la quantité n'est pas suffisante
on l'augmente et on la fait glacer.

GELÉE AU KIRSCH. (96)

De même que la gelée au rhum, en remplaçant le rhum par du kirsch.

POIRES AU SUCRE. (147)

On leur coupe la moitié de la queue, on les
pèle et on les met cuire dans de l'eau avec du
vin, du sucre et un morceau de cannelle.

POIRES GLACÉES. (148)

Il faut commencer à sortir le milieu des poi-
res, ensuite les peler et les couper en petits
quartiers, puis les mettre cuire dans un gros
morceau de beurre bien frais, avec de la cannelle
et un gros morceau de sucre. On les saute de
temps en temps pour éviter la brûlure, et lorsqu'elles sont près d'être cuites on verse un verre
de vin dans la casserole ; on les sert avec une
sauce courte et sucrée convenablement.

POMMES GLACÉES. (150)

En premier lieu on enlève le milieu avec un moule ou avec la pointe d'un couteau étroit, et l'on sort des deux côtés ce qu'il y a dedans, en ayant soin de ne les peler qu'après, pour qu'elles se brisent moins, on les met ensuite cuire dans un plat à gratin, avec un verre d'eau au fond et une poignée de sucre pilé aussi fin que possible dessus; lorsqu'elles commencent à cuire elles s'élargissent et se déforment, on les resserre avec une cuillère et on les poudre de nouveau avec du sucre en les arrosant de temps en temps jusqu'à ce qu'elles soient glacées.

On lave les pelures des pommes et on les met cuire avec un demi-verre d'eau et un morceau de cannelle, lorsqu'elles ont cuit un quart d'heure on passe le jus dans une passoire fine et on le remet sur le feu avec le même poids de sucre, et quand il a cuit de nouveau pendant cinq minutes, à petit feu, on le vide sur les pommes que l'on fait refroidir; elles se glacent.

On pare chaque pomme avec deux amandes que l'on blanchit et dont on sort la peau, on les partage en deux dans leur largeur, on en pique trois morceaux par la pointe autour des trous des pommes, ce qui forme une fleur, avec une

pastille rose au milieu des trois morceaux
d'amandes. Les pommes sont alors servables.

MARMELADE DE POMMES· (113)

On fait cuire les pommes dans un verre d'eau
avec un morceau de cannelle et du sucre, lorsqu'elles sont cuites on les écrase le plus possible
et on les met dans un plat à gratin.

On bat deux blancs d'œufs en neige bien
montée, on les mélange d'un peu de sucre pilé
en les rebattant encore deux tours et on les
place sur la marmelade en en faisant des dessins
soit en couronne ou en petits tas, au goût de la
cuisinière, et on les repoudre avec la moitié
d'une cuillerée de sucre pilé.

On met le plat pendant cinq minutes au four,
en ayant soin qu'il ne soit pas trop chaud; ce
temps est suffisant pour le carameler.

GELÉE DE POMMES. 93

On emploie des pommes rainettes, on les pèle,
on sort tous les pépins et on les coupe en quartiers; lorsque l'on a préparé la quantité suffisante pour faire la gelée, on les met cuire dans
un chaudron très-propre, dans lequel on met

l'eau nécessaire pour submerger les pommes; lorsqu'elles sont cuites, on prend un linge croisé sur lequel on verse les pommes et le jus, on ne presse le linge qu'un seul tour, afin que la gelée soit claire.

Il faut le même poids de sucre et de jus.

On met fondre le sucre dans deux pochons de jus, en remuant de temps en temps avec une écumoire bien propre; lorsque le sucre est fondu on verse le jus qui reste et quand il commence à bouillir on écume la gelée; après cinq minutes d'ébullition on trempe une cuiller dans la gelée et on la soulève en la tenant droite, lorsqu'il reste au bout de la cuillère une goutte qui ne tombe pas et qui fait la perle c'est que la gelée est cuite; il faut alors la retirer du feu, parceque moins elle cuit plus elle est claire, si on la laissait trop longtemps sur le feu elle deviendrait rouge et perdrait sa clarté.

GELÉE DE COINGS. 92

Elle se fait positivement comme celle de pommes, sans aucun changement.

GELÉE DE GROSEILLES. 89

On sort les groseilles de la branche, ce qui s'appelle les dégrainer, on les met dans le chaudron, on ne les laisse chauffer qu'un moment en les remuant avec un cuillère bien propre, il ne faut pas les trop faire chauffer, cinq minutes sont suffisantes, on prépare un linge serré sur lequel on verse les groseilles et on les presse aussi longtemps que l'on peut obtenir du jus.

Il faut le même poids de sucre et de jus de groseilles.

On remet le jus avec le sucre dans le chaudron où on le laisse fondre, et au bout de cinq minutes d'ébullition on s'assure que la gelée est cuite, au moyen d'une cuillère, comme il a été expliqué pour la gelée de pommes; on la retire alors pour l'emporter.

Si on ne craint pas la framboise on peut en mettre autant que de groseilles, la gelée n'en est que meilleure et elle est moins acide.

GELÉE DE FRAMBOISES. 90

Elle se prépare comme la gelée de groseilles. On fait chauffer les framboises pour qu'elles rendent une grande quantité de jus; il faut également autant de sucre que de jus.

CONFITURE DE PRUNES REINE-CLAUDE. 49

En premier lieu il faut sortir les noyaux des

prunes et les mettre cuire dans un chaudron, en les remuant souvent pour éviter la brûlure ; lorsqu'elles ont cuit deux heures, à petit feu, on les vide dans une passoire, pour que les peaux restent dedans.

On pèse la marmelade de prunes et on met avec elle le quart de son poids de sucre, on remet le tout dans le chaudron, et on le fait cuire de nouveau deux heures, à petit feu, toujours en le remuant souvent pour qu'il ne brûle pas.

On dépose cette marmelade dans des pots, ensuite on découpe du papier de la dimension intérieure du pot, on le fait tremper légèrement dans de l'eau-de-vie et on le place sur la confiture, puis on couvre le pot avec un second papier sec.

CONFITURE D'ABRICOTS. 47

Elle se fait positivement comme celle de prunes, il n'y a aucune différence dans la manière de les confectionner.

Ces deux confitures sont les meilleures pour la pâtisserie.

CONFITURES DE RAISINS. 50

On se sert pour faire cette confiture de raisins

blancs doux, on sort tous les pépins des grains, lorsque cela est fait, on pèse le jus et les grains pour y ajouter le quart du poids en sucre et on les fait cuire dans un chaudron, cinq à six heures à petit feu.

CONFITURES DE CERISES. 48

On en sort les noyaux, et on l'apprête de la même façon que la confiture de raisin, avec la même proportion de sucre.

FRUITS CONSERVÉS POUR L'HIVER. 79

Pour bien conserver les compotes on doit choisir des fruits fermes et pas trop mûrs, soit : abricots, pêches, groseilles ou framboises, cerises, griottes, mirabelles ou quelles prunes que ce soit. On ne met de l'eau-de-vie que dans les pêches et les abricots.

COMPOTES. 45

On prépare toutes les compotes de la même manière, en employant, si l'on veut, les mêmes bouteilles, dans lesquelles on met les fruits entiers, en les séparant avec du sucre pilé, comme il est dit pour les abricots, il faut aussi une demi-livre de sucre par bouteilllc.

Il ne faut pas oublier de ficeler les bouteilles et de les goudronner. La même cuisson est nécessaire pour les différents fruits.

CONSERVES DE TOMATES. 52

Il faut les laver et sortir tout ce qu'il y a de mauvais et ce qui n'est pas mûr. On les met cuire dans un chaudron propre, on en écrase quelques-unes pour faire un peu de jus, afin qu'elles ne commencent pas leur cuisson trop sèches, et comme aussitôt qu'elles sentent la chaleur elles rendent du jus, on les remue souvent pour qu'elles ne s'attachent pas. On les laisse cuire à petit feu jusqu'à réduction de moitié, et quand elles sont à ce point on les passe dans une passoire, tout ce qui n'est pas bon reste dedans.

Il faut employer, autant que possible, des bouteilles de demi-litre, que l'on remplit en laissant un petit vide entre la compote et le bouchon, qui doit être de bonne qualité et tout neuf, on les ficelle et on les arrange avec des linges dans dans un chaudron ou une marmite, comme il est dit pour les conserves d'abricots.

CONSERVE DE CORNICHONS. 51

On commence par les brosser pour les net-toyer, après cela on les met dans un vase avec une grosse poignée de sel fin, des petits oignons, des petits haricots verts , des petites racines jaunes naissantes, des morceaux de choux-fleurs et un peu d'estragon, on les saute dans le sel deux ou trois fois pendant l'espace de cinq à six heures, cela leur fait rendre beaucoup d'eau, on les fait égoutter, on les sèche dans un linge et on les remet dans un pot ou une soupière qui ait un couvercle qui ferme bien.

On fait bouillir dans un poêlon en cuivre jaune, bien recuré, du vinaigre blanc, en quan-tité suffisante pour couvrir complètement les cornichons ; lorsqu'il bout on le verse sur eux et les couvre bien pour les étouffer ; lorsqu'ils sont refroidis on remet le vinaigre sur le feu pour le faire bouillir de nouveau et on le verse comme la première fois sur les cornichons. On recommence cette opération une troisième fois. La première les fait devenir blancs, la seconde les fait reverdir un peu et la troisième les rend entièrement verts.

On les place ensuite dans des cantines, en ayant soin de remettre du vinaigre pour qu'il dépasse toujours les cornichons.

LANGUES DE BŒUF. 106

On hache ensemble un oignon gros comme un œuf, dix centimes de lard maigre et un peu de persil.

On met un gros morceau de beurre frais dans une casserole, lorsqu'il est chaud on met dedans une cuillerée à bouche de farine que l'on fait roussir un peu doré, et l'on met ensuite ce qui est haché dedans ; aussitôt que les oignons ont pris un peu de couleur, on y met la langue de bœuf, on la remue de temps en temps en versant, par cuillerée chaque fois, la valeur de deux verres de vin blanc sec, pour la détacher et la bien glacer de tous les côtés ; lorsqu'elle est bien glacée on y ajoute quelques cuillerées de bouillon, un petit morceau de thym, deux clous de girofle, poivre et sel et un filet de vinaigre.

On la fait cuire à bien petit feu ; il faut trois heures pour sa cuisson, si elle est grosse.

FILET MIGNON DE BŒUF. 70

On dépouille le filet, on enlève toute la graisse et la peau nerveuse, ainsi que l'os ; lorsqu'il est paré, on le pique au petit lard et on le marine

dans : un oignon découpé, une ou deux échalottes, une racine jaune coupée en quatre morceaux, une cuillerée d'huile d'olive et deux de
vinaigre, une légère pincée de poivre et sel, on
le tourne une fois ou deux de loin en loin pour
lui faire prendre le goût de la marinade et on le
met rôtir à la broche; il faut environ trois quarts
d'heure pour le cuire. On le sert avec son jus.

GALANTINE. 81

On prend une grosse volaille fine, la moins
grosse que l'on puisse avoir, on commence à
fendre la peau sur le col en continuant tout le
long du dos par le milieu des reins, on la coupe
menue et on la détache de la chair sans la percer;
lorsque la peau est défaite, on coupe toute la
chair de la volaille en petits morceaux de la
grosseur d'un doigt en la coupant toujours dans
son sens, on découpe aussi comme la chair de
la volaille une première rouelle de deux à trois
livres, on découpe encore une première tranche
épaisse de jambon, de la valeur d'un franc, par
petits morceaux également de la grosseur d'un
doigt.

On étend alors la peau de la volaille de toute
sa grandenr, on place dessus un premier rang
de morceaux de veau, de la dimension que l'on

veut donner à la galantine, un deuxième rang de morceaux de volailles, puis un troisième de morceaux de jambon, on met aussi dans le rang de volaille quelques pistaches et, si on en a, des morceaux de truffes noires; on recommence par un rang de morceaux de veau, un rang de volaille et un rang de jambon, en continuant aussi longtemps que l'on a de la marchandise; il faut les monter bien carré.

On plie la peau pour envelopper la galantine, et on la coud bien serré, puis on la plie de nouveau dans un linge blanc que l'on coud également très serré.

On la met cuire dans une daubière, il faut qu'elle baigne dans son jus; on met aussi dans la daubière du bouillon gras, les os de la carcasse de la volaille, la tête, le cou, les os de la rouelle, un morceau de jarret de bœuf, un pied frais de porc, une racine jaune, trois oignons, quatre ou cinq échalottes, un bouquet de persil, un petit morceau de thym, cinq clous de girofle, six grains de poivre, un grand verre de vin blanc sec, point de sel sans la goûter, parce que le bouillon est déjà salé et que souvent il l'est suffisamment.

On la fait cuire à petit feu, le plus doucement possible; il faut deux heures et demie à trois heures pour sa cuisson; on la met ensuite entre deux planches que l'on charge fortement pour bien la serrer. On retire tout ce qui se trouve dans la gelée pour qu'il ne reste que le liquide, on bat deux blancs d'œufs en neige bien montée, on les met dans la gelée en les brassant quelques tours dedans, on fait rebouillir dix minutes doucement la gelée, on la goûte pour s'assurer que l'assaisonnement est convenable, puis on la passe dans un linge croisé et on la met au frais pour la faire prendre.

On sert la gelée autour de la galantine dressée dans un plat.

PURÉE BÉCHAMEL. 162

On fait bouillir à l'eau, pendant cinq minutes, trois oignons blancs, puis on les fait cuire dans un morceau de beurre frais, sans les faire roussir; lorsqu'ils sont cuits on les écrase et on les verse dans une passoire, on met alors un gros morceau de beurre frais dans une casserole, on verse dessus le beurre et lorsqu'il est chaud une cuillerée de farine que l'on fait cuire deux tours, on éclaircit avec de la crème, on y ajoute les oignons et on remue le tout ensemble.

La purée béchamel se sert sous un riz de veau.

SAUCE AUX TOMATES. 169

On met un petit morceau de beurre frais dans une casserole, on verse dessus lorsqu'il est chaud une cuillerée à café de farine que l'on fait cuire deux tours, en y ajoutant un verre de conserve de tomates, si l'on n'en a pas de fraîches. On brasse la sauce avec un peu de bouillon pour l'éclaircir, et on met aussi un peu de jus, du poivre, du sel et un filet de vinaigre.

La sauce aux tomates peut se servir sur toutes sortes de viandes.

Sous une omelette elle est très-bonne, avec un gâteau de viande ou de foie de volaille, dans un plat de pommes de terre au jus on peut en mettre une cuillerée.

GATEAU DE SAVOIE. 185

On pile bien deux cent cinquante grammes de sucre que l'on met dans un saladier, on verse dedans huit jaunes d'œufs avec un peu de zeste de citron, afin de donner un léger arôme, et on remue en tournant toujours dans le même sens au moyen d'une cuiller en bois, jusqu'à ce que la crême soit bien liée ; lorsque l'on voit que le sucre est fondu on bat les blancs d'œufs en neige bien montée, on les verse dans le saladier en y ajoutant soixante grammes de farine et on remue fortement quelques tours pour que les blancs soient bien mêlés ; on verse alors le tout dans un moule, que l'on a frotté de beurre pour éviter que le gâteau s'y attache et on l'entre promptement dans le four d'un fourneau.

Pour que le gâteau monte bien, il faut une chaleur raisonnable et que le four soit bien chaud du bas, parce que s'il n'était pas cuit en bas il serait mou et ne monterait pas ; il faut ouvrir le four le moins possible, car l'air l'empêcherait également de monter ; pour qu'il soit bien fait, il faut qu'il soit bien troué. Pour voir s'il ne brûle pas il faut ouvrir et fermer le four vivement sans lui laisser le temps de refroidir même légèrement, et quand le gâteau a assez de couleur on met un papier dessus afin qu'il ne brûle pas, et on laisse aller le fourneau à tout petit feu ; il faut une heure et demie à deux heures pour le cuire, mais il est nécessaire de ne point laisser de jour à la porte du four.

Si on n'avait pas de fourneau on le porterait au four du boulanger, ne l'y mettant qu'après la cuisson complète des pains, en ayant soin de tenir le four hermétiquement fermé.

A défaut d'un moule, on peut se servir d'une

casserole en cuivre ou en fer battu, un peu grande.

Lorsque le gâteau est sorti du four, il faut le couvrir de suite d'un linge propre et laisser une demi-heure dans le moule, il se détache mieux.

GATEAU DE SAVOIE FOURRÉ· (86)

Lorsque le gâteau précédent est froid, on le partage en trois morceaux d'égale largeur, avec un couteau bien mince; on met sur le premier, une couche de crême à la vanille et on replace le second dessus, de manière qu'il ne paraisse pas avoir été coupé, on met dessus de la gelée de groseille, que l'on brasse avec une petite goutte d'eau afin de pouvoir l'étendre, et on replace également dessus le troisième morceau, comme l'on a fait du second; le gâteau se trouve alors contenir deux couches de crême, ce qui le fait nommer gâteau fourré.

On peut varier les crêmes suivant les goûts, elles sont toutes bonnes.

GATEAU DE SAVOIE PARÉ· (87)

Après avoir fait le gâteau de Savoie, on peut le parer de la manière suivante:

On pile cent grammes de sucre bien fin, que l'on met dans un bol avec le jus d'un citron et deux cuillerées de rhum, on remue le tout un bon quart d'heure et quand on voit que ce mélange se tient bien ferme, on en prend avec la pointe d'un couteau et on enduit le gâteau avec, ce qui le glace; il faut qu'il devienne tout blanc; on le pare alors avec des amandes comme il est dit au plat des pommes glacées, on peut aussi attacher autour des fraises, des framboises, des groseilles, enfin ce que l'on veut, pour cela on met un peu de glace au rhum, indiquée plus haut, sous le fruit pour l'attacher et le faire tenir.

CONSERVES DE TRUFFES NOIRES. 53

On nettoie les truffes, on les fait égoutter, lorsqu'elles sont sèches on les pèle en enlevant la peau bien mince, on les coupe en quatre morceaux, on remplit les bouteilles et quand elles sont pleines on les bouche bien ferme; on les ficèle, on les goudronne et on les fait bouillir à petit feu pendant une heure et quart; on les retire alors du feu, on les laisse refroidir dans l'eau où elles ont cuit au bain-marie, et on peut les mettre à la cave, où elles se conservent autant que l'on veut.

Il faut des petites bouteilles faites exprès, et en les faisant cuire il est essentiel que l'eau n'atteigne pas le goudron.

BONBONS AUX AMANDES.   19

On fait cuire, pendant cinq minutes, dans une casserole en cuivre, deux cent cinquante grammes d'amandes non épluchées et coupées en morceaux très-petits, on met avec une grosse poignée de sucre râpé et un jus de citron, en brassant le tout continuellement, après ce laps de temps on retire du feu et on mêle avec deux cent cinquante grammes de sucre râpé et trois blancs d'œufs battus en neige et bien montés et on bat le tout ensemble, pendant une demi-heure.

On étale alors une feuille de papier blanc, que l'on poudre avec du sucre pilé et on met dessus la pâte en la prenant dans une cuiller à café, il faut faire cela très-promptement; on ne met qu'une cuillerée par bonbon, et on les met dans un four peu chaud une heure et demie après la sortie du pain.

MASSEPAINS.   114

On pile dans un mortier deux cent cinquante

grammes d'amandes que l'on a préalablement blanchies, lorsqu'elles commencent à être un peu fines on ajoute un blanc d'œuf, pour éviter qu'elles fassent l'huile, sans discontinuer de piler, et lorsque ce premier blanc est sèché on on en met un second en continuant de piler, puis un troisième et plus s'il est nécessaire, on pile le dernier jusqu'à ce que la pâte soit fine. On dresse les massepains de la même manière que les bonbons aux amandes et on les fait cuire de même, il faut seulement leur donner la forme qu'ils ont ordinairement et les dresser vivement.

MERINGUES. 116

On bat cinq blancs d'œufs, lorsqu'ils sont à moitié montés on les mélange d'une cuillerée à bouche de sucre râpé, en continuant de les battre, on y ajoute de temps en temps une cuillerée de sucre, jusqu'à la neuvième cuillerée, on dresse alors les méringues avec une cuiller à bouche sur une feuille de papier blanc poudrée de sucre, et on les met cuire au four de la même manière que les massepains.

BONBONS BLANCS A LA VIOLETTE. 18

On commence à battre deux blancs d'œufs, et lorsqu'ils sont à moitié montés on les mêle avec une cuillerée de sucre râpé que l'on bat cinq minutes, avant d'en mettre une nouvelle cuillerée, en continuant jusqu'à ce que l'on en ait mis quatre cuillerées, on les bat alors jusqu'à ce qu'ils prennent de la consistance.

On met dans les blancs d'œufs, à la première cuillerée de sucre, quelques fleurs de violettes coupées en très-petits morceaux, et quand ils ont pris assez de consistance on les dresse sur une feuille de papier blanc, comme les massepains, et on les fait cuire au four de la même manière. On peut varier l'arôme de ces bonbons en les faisant toujours de même, soit: ceux au citron, avec un peu de zeste que l'on met à la place de la violette; ceux à l'orange, avec des fleurs d'orangers ; ceux au chocolat, avec une crême que l'on fait un peu épaisse; ceux à la rose, avec la feuille d'une rose, et ainsi de suite.

PLOMB-PUDDING AUX AMANDES. 144

On fait cuire cent vingt-cinq grammes de mie de pain dans du lait, et lorsque le mélange est cuit on le passe et on y ajoute cent vingt-cinq grammes d'amandes douces, douze amandes amères, des fruits confits coupés en très-petits morceaux, un quart de verre ordinaire de rhum et quatre jaunes d'œufs, on bat les blancs en neige et on les brasse avec le mélange ci-dessus, on beurre un moule saupoudré de sucre pilé, et après l'avoir rempli dudit mélange, on le fait cuire au bain-marie.

La sauce se fait avec trois jaunes d'œufs, un verre et demi de sucre en poudre et un peu de rhum, on fait prendre un moment sur le feu et on verse sur le gâteau au moment de servir.

RIZ DE VEAU. 172

On ôte en premier lieu la peau inutile et on les pique de petit lard et on les fait dégorger pendant deux à trois heures dans de l'eau froide, puis on leur fait faire un tour dans l'eau avec un oignon, une racine jaune et un peu de sel, on les retire et on les met dans une casserole avec un morceau de beurre frais, un petit oignon et une racine jaune, on les fait glacer à bien petit feu; on peut aussi y mettre quelques cuillerées de jus, ce qui les rend plus jolis, et on les sert avec une garniture autour, soit: champignons, truffes noires, quenelles, ou queues d'écrevisses. On peut les servir aussi sur une purée de pommes de terre, de l'oseille ou une purée béchamel.

BIFTECKS AU MADÈRE. 11

On emploie du filet mignon en lui sortant toutes les peaux qui sont à l'entour.

On découpe un oignon par tranches et on les met sur les filets avec un peu de sel, une cuillerée d'huile fine et une de vinaigre, au moment de servir on les découpe par tranches de l'épaisseur d'un doigt, et on les applatit avec le partelet; on met alors un gros morceau de beurre frais dans une poêle et lorsque le beurre est bien chaud on y plonge les tranches de filet, les faire cuire vivement et à grand feu; quand elles sont dorées d'un côté on les retourne de l'autre. Il faut à peine cinq minutes pour leur cuisson. On prépare à l'avance pour douze à quinze personnes, deux cent-cinquante grammes de champignons, que l'on fait cuire à l'eau cinq minutes; puis on met un gros morceau de beurre frais dans une casserole, avec une cuillerée à café de farine à laquelle on fait faire deux tours sans la laisser dorer, on y ajoute la moitié d'un pochon de bouillon et on met les champignons cuire quelques tours dedans, on y verse alors un demi-verre ordinaire de vin de madère. On dresse les biftecks sur un plat, et on met leur jus sur la sauce des champignons, que l'on remue et que l'on verse sur les biftecks, qui sont alors prêts à servir.

BIFTECKS DIVERS. 10

On les apprête de la même manière que ci-dessus, en mettant au lieu et place des champignons et du madère, soit du cresson, soit des pommes de terre frites au beurre dans une casserole, que l'on sert autour des biftecks.

CIVET DE LIÈVRE. 40

On dépouille le lièvre, on le fend au milieu du ventre dans sa longueur, en ayant soin de ne pas percer le côté du cœur, afin que le sang ne se perde pas ; lorsqu'il est nettoyé on le perce vers le cœur pour avoir le sang, que l'on conserve; on le découpe alors par morceaux en le fendant au milieu des reins pour avoir le râble, afin de le faire rôtir, et on découpe le devant pour le mettre en civet.

On met un gros morceau de beurre frais dans une casserole, avec cent vingt-cinq grammes de lard maigre coupé en petits morceaux, un oignon, deux échalottes et une pincée de persil hachés ensemble ; mettre le tout, ainsi que les morceaux de lièvre, dans le beurre, faire roussir légèrement le tout, en l'étouffant et faisant cuire à petit feu pendant un quart d'heure, ajouter alors une pleine cuillerée de farine que l'on brasse avec le tout quelques tours; laisser cuire encore cinq minutes et y mettre une bouteille de bon vin rouge, le sang et le foie coupé en petits morceaux, de la canelle, trois clous de girofle, une légère branche de thym, poivre et sel, deux cuillerées de vinaigre, et faire cuire le tout ensemble, puis goûter si la sauce est bien assaisonnée.

Il ne faut pas laisser trop cuire, afin que la viande reste ferme.

CIVET DE LAPIN.. 41

Il s'apprête comme le civet de lièvre, sans conserver le râble; on met le tout en civet.

GATEAU DE FOIE DE VOLAILLES. 88

On emploie un ou deux foies, ou simplement un foie de dindon, pour faire un gâteau.

On les écrase bien dans un mortier et on pile avec trois jaunes d'œufs, lorsqu'ils sont pilés on éclaircit avec du lait, environ un demi-litre, en remuant le tout ; on verse dans le moule à travers une passoire, on peut également se servir d'une casserole faute de moule, on poivre et on sale ; on bat quatre blancs d'œufs en neige bien montée, on les verse dans le moule et on les mélange avec ce qui s'y trouve déjà, on le fait cuire au bain-marie.

Après l'avoir sorti du moule et renversé sur le plat, on verse dessus une sauce aux tomates; il est alors prêt à servir.

CHOUX MERINGUÉS. 39

On met à peine un quart de verre d'eau, avec très-peu de sel, bouillir dans une casserole; lorsqu'elle est en ébullition on ajoute cent vingt-cinq grammes de beurre frais, que l'on laisse bouillir pendant deux ou trois minutes ; on y met alors de la farine par grosses poignées, jusqu'à ce qu'on ait de la difficulté à la tourner avec la cuiller, on laisse cuire la farine cinq minutes en la remuant continuellement et on la retire du feu; on casse un œuf et on le bat dans la pâte avec une cuiller en bois, lorsqu'il est sec on en met un second en continuant de battre, et œuf par œuf en les séchant chaque fois jusqu'à ce que la pâte ne soit pas trop épaisse, mais qu'elle ait assez de consistance pour ne pas s'étendre lorsqu'on dressera les choux ; la frapper fortement en la battant, de manière à la faire gonfler.

On dresse les choux sur une tôle, en mettant cette pâte par cuillerée et en leur donnant une forme bien ronde.

On a soin de préparer à l'avance vingt grammes d'amandes découpées en très-petits morceaux, on les met dans une assiette avec un blanc d'œuf et deux cuillerées de sucre pilé que l'on brasse avec, un tour ou deux, on en prend le quart d'une cuiller à café, que l'on met sur chaque chou lorsqu'ils sont dressés.

On les met cuire au four d'un fourneau, avec une chaleur moyenne, ni trop forte ni trop faible, en ayant soin de tenir le four fermé autant que possible, de crainte que l'air ne les empêche de monter.

Il faut qu'ils soient bien fermes avant de les sortir du four, car si on les sortait trop tôt ils retomberaient.

PET DE NONE. 135

On prépare la même pâte que pour les choux meringués.

On les trace par demi-cuillerée, dans de la friture bien chaude, on peut en mettre de huit à dix dans une poêle de moyenne grandeur, en ayant soin de remuer constamment la poêle pour les bien faire gonfler; lorsqu'ils sont roux d'un côté on les retourne de l'autre avec une fourchette; quand ils sont roux de tous les côtés ils sont cuits et on peut les sortir et les servir.

RAMEQUINS. 170

On se sert également de la même pâte que celle des choux meringués.

On râpe pour dix centimes de fromage de gruyère que l'on bat deux ou trois tours dans la pâte.

On les dresse sur une tôle en forme de petites couronnes et on les fait cuire au four comme les choux.

RAMEQUINS BRIOCHÉS. 171

On découpe une brioche en tranches bien minces, on beurre un plat à gratin et on pose les tranches dedans.

On bat trois ou quatre œufs avec cent vingt-cinq grammes de fromage de gruyère râpé, un peu de poivre et très-peu de sel; on verse ce mélange sur les tranches de brioche.

On les fait cuire au four; lorsqu'ils sont montés et glacés ils sont cuits. Il faut environ dix minutes pour leur cuisson.

PATE BRISÉE. 128

On met un kilogramme de farine sur une planche, on fait un petit trou au milieu, dans lequel on verse un demi-verre d'eau, le plus froide possible, une grosse pincée de sel et deux œufs, on broie la farine avec, on y ajoute sept cent cinquante grammes de beurre frais que l'on broie également avec, le plus vite possible pour que les mains ne chauffent pas trop ; aussitôt que le tout est un peu mélangé on bat avec un rouleau, en la repliant avec les mains et saupoudrant la pâte d'un peu de farine chaque fois qu'on la replie, pour qu'elle ne s'attache pas au rouleau ; on continue de la battre jusqu'à ce qu'elle soit devenue lisse et jolie et qu'elle se tienne ferme.

PATE FEUILLETÉE. 129

On met sur une planche cinq cents grammes de farine, on fait un petit trou au milieu, dans lequel on verse un demi-verre d'eau, le plus

froide possible, et une grosse pincée de sel ;
broyer la farine avec l'eau pendant une ou deux
minutes comme si on faisait du pain, que la
pâte soit même un peu plus ferme ; on ramasse
la pâte de dessus la planche et on met sur
celle-ci une pincée de farine, on roule deux
tours la pâte dedans, on nettoie bien la planche,
on la saupoudre de farine et on étend la pâte
avec le rouleau, d'une largeur de vingt centimètres, en plaçant au milieu trois cent soixante-
quinze grammes de beurre frais ; on replie la
pâte dans tous les sens sur le beurre, en le
laissant à la même place, de manière qu'il soit
bien caché ; on étend de nouveau la pâte avec
le rouleau, d'une longueur de trois quarts de
mètre et de un quart de largeur, la maintenant le
plus également possible ; lorsqu'elle est étendue
de cette manière on prend une des extrémités de
la longueur et on la replie sur elle-même jusqu'à
la moitié de sa grandeur, puis on replie le morceau qui ne l'a pas été sur celui qui l'est déjà,
de façon qu'elle se trouve pliée en trois, en arrê-
tant chaque pliage d'un coup de rouleau ; après
cela on l'étend encore de deux coups de rouleau,
on la change de place avec les mains, en mettant
la longueur à la place de la largeur, on la replie
de nouveau comme la première fois, et on la
laisse reposer dix minutes avant de recommencer

la même opération, que l'on fait de cinq à six fois toujours de la même manière.

PATÉ FROID. 130

On découpe une première rouelle de veau en morceaux de la grosseur d'un doigt, dans le sens de la viande et de toute la longueur de la rouelle en sortant toutes les peaux nerveuses qui peuvent s'y trouver, on la fait mariner un jour à l'avance avec des oignons et des échalottes, un peu de persil et de cerfeuil hachés bien fin, deux branches de thym, un morceau de canelle, six clous de girofle, une pincée d'épices et du sel, deux cuillerées d'huile fine et une de vinaigre; on découpe de la même manière une tranche de jambon de l'épaisseur d'un doigt.

Avant de dresser le pâté, il faut faire égoutter la viande marinée.

On prend alors de la pâte brisée (voir cet article), que l'on partage en trois parties égales; on étend la première de la forme que l'on veut donner au pâté, on met dessus une couche de morceaux de veau, avec quelques pistaches à travers et des morceaux de truffes noires, si on se trouve en avoir, sur cette couche on en met une seconde de morceaux de jambon; on recommence par une couche de viande et une de jambon aussi longtemps que l'on a de la marchandise ou que l'on veut élever le pâté, en recouvrant le tout avec la deuxième partie de pâte, que l'on fait rejoindre avec la première partie. On remouille très-légèrement la pâte qui forme le fond et qui se trouve dépasser, on la redresse autour du pâté en la faisant tenir avec celle qui couvre les viandes, on étend alors la troisième partie de pâte le plus également possible tout autour du pâté, et on fait au milieu du dessus un trou qui traverse toute l'épaisseur de la pâte pour faire une cheminée, dans laquelle on met une carte pour qu'elle ne se referme pas. On brasse un jaune d'œuf dans une bien petite goutte d'eau et on dore le pâté avec, puis on le met cuire au four, une demi-heure après que le pain a été enfourné.

On prépare, avant de faire le pâté, une gelée avec : un pied de porc, un pied de veau, tous les os de la rouelle, oignons, échalottes, cinq clous de girofle, un morceau de canelle, une petite branche de thym, poivre et sel, un verre de vin blanc sec, en la clarifiant avec deux blancs d'œufs, comme celle de la galantine, et lorsque le pâté est à moitié refroidi on la verse encore tiède par la cheminée du pâté.

TOURTES AUX FRUITS. 195

On peut se servir de la pâte brisée pour faire des tourtes aux fruits, soit abricots, pêches ou prunes.

On la trace et on met dedans les fruits d'une seule qualité, indiqués ci-dessus; on la dore avec un jaune d'œuf délayé dans une petite goutte d'eau. On la fait cuire dans le four d'un fourneau ou celui d'un boulanger, avec une assez forte chaleur.

TOURTES AUX CONFITURES. 196

On dresse la tourte avec de la pâte feuilletée, d'une faible épaisseur, en lui donnant une forme ronde; on met dedans une couche mince de confitures d'abricots ou de prunes, en ménageant dans l'intérieur un espace de la largeur de deux doigts, tout le tour, sans mettre de la confiture; on mouille légèrement avec un pinceau tout le bord de la pâte où il n'y a point de confiture, et on met une seconde couche de pâte sur la confiture de toute la grandeur de la tourte, afin qu'elle couvre complètement la confiture et qu'elle remplisse toute la tourte; on mouille alors le bord extérieur de la tourte de la largeur de deux doigts pour y appliquer une bande de pâte coupée très mince, de la largeur dont la tourte est mouillée, et on la colle tout au tour de la tourte pour lui donner bonne tournure. On la dore comme la précédente et on la fait cuire de même.

PETITS PATÉS. 136

On fait les petits pâtés avec de la pâte feuilletée, en leur donnant la forme que l'on veut et en y mettant des confitures au choix ou des pommes rainettes découpées en tranches très-minces et préparées avec un peu de sucre pilé.

On les dore comme les tourtes et on les fait cuire de même.

PETITS PATÉS AUX QUENELLES. 137

On étend de la pâte feuilletée d'une faible épaisseur, on la découpe en petits morceaux au moyen d'un petit verre, on met un morceau de farce de quenelle gros comme une noisette au milieu d'un morceau de pâte, on recouvre le tout avec un second morceau de pâte que l'on fait joindre avec celui de dessous, en en mouillant les bords pour lier la pâte ; on les dore comme les tourtes et on les fait cuire de même.

PUITS D'AMOUR. 161

On dresse une tourte sans rebords, de la grandeur d'une petite assiette ; avant de mettre la confiture on la perce au milieu au moyen d'un verre avec lequel on coupe la pâte, après cela on la garnit de confiture autour du trou, en laissant un petit espace libre que l'on mouille pour faire joindre les bords avec la seconde couche de pâte que l'on place sur la confiture, en ayant soin de la percer de la même manière que la première.

On en fait ordinairement de six à huit en tout semblables, que l'on place, lorsqu'elles sont cuites, les unes sur les autres, en mettant entre chacune d'elles une légère couche de gelée de groseilles ou de framboises, pour les faire tenir ensemble. Le trou qu'elles ont au milieu forme le puits d'amour.

Quand elles sont montées de la manière que nous venons d'expliquer, on les glace tout au tour dans le même genre et de la même manière que le gâteau de Savoie paré, avec la même garniture.

PAIN D'ŒUFS A LA NEIGE. 131

On fait bouillir dans une casserole en cuivre un morceau de vanille dans un litre de lait et on le sucre, on bat en neige bien montée six blancs d'œufs, quand ils le sont, on met avec deux cuillerées de sucre pilé, et on bat encore quelques tours, lorsque le lait bout on les verse tous ensemble dedans, quand ils ont bouilli deux minutes ils ont gonflé et sont cuits d'un côté; on verse alors le lait dans un autre vase, en retenant les blancs dans la casserole, lorsque le lait est entièrement sorti on abouche la casserole sur le couvercle pour tourner les blancs de haut en bas, puis on les fait glisser dans cette position dans la casserole et on remet le lait avec pour finir de les cuire de l'autre côté.

On les sort et on les dresse sur un plat; on brasse pendant trois ou quatre minutes les jaunes en y ajoutant une ou deux cuillerées de lait, puis on les verse dans le lait pour en faire une crème; lorsqu'elle est liée on la retire du feu et on la passe dans un plat, et on fait glisser les blancs dessus, sans les aboucher, afin qu'ils restent blancs sur la crème.

CERVELLES DE MOUTON.   34

On partage les cervelles de mouton en deux parties égales, on les farine et on les met cuire dans du beurre bien chaud, on les fait glacer des deux côtés et on les sale.

On les sert sur de l'oseille, une purée de pommes de terre ou une garniture de truffes noires, champignons, queues d'écrevisses et crêtes de volailles.

CERVELLES DE VEAU.   35

Les cervelles de veau s'accomodent et se servent de la même manière que celles de mouton, excepté qu'au lieu de les partager en deux on les partage en quatre.

MARINADE DE POULET.   112

Quand une volaille a déjà paru sur la table, pour lui donner une nouvelle présentation, on découpe ce qui en reste en jolis morceaux.

On fait une pâte avec de la farine délayée avec des œufs et de l'eau et dans laquelle on ajoute une cuillerée ou deux d'eau-de-vie, en la tenant épaisse comme pour faire des crêpes ou mattefains ; on la laisse reposer environ une heure, ensuite on trempe les morceaux de volaille dans cette pâte et on les met dans de la friture bien chaude; lorsqu'ils sont dorés on peut les sortir et les servir.

JULIENNE.   155

On découpe une racine jaune en filets bien minces, une rave pas trop grosse, des petits haricots, des feuilles de choux dont on sépare les côtes et que l'on coupe en morceaux, et quelques petits pois; on les réunit ensemble sur une planche et on les coupe par le travers en filets aussi minces que possible: mettre tout cela tremper quelques minutes dans de l'eau bouillante pour ôter l'âcreté, et lorsque le bouillon bout les mettre dedans.

CROUTONS A LA PURÉE DE POMMES DE TERRE.   156

Faire cuire de huit à dix pommes de terre avec deux racines jaunes et deux poireaux, puis écraser le tout ensemble et le passer dans une passoire, afin d'avoir une jolie purée.

Couper une petite miche en tranches bien minces et en petits morceaux de la grandeur d'un centimètre à un centimètre et demi, les faire dorer dans du beurre frais bien chaud , les mettre dans la soupière et ne les tremper avec la purée qu'au moment de servir.

AUX PATES.   157

Il suffit de mettre dans le bouillon, lorsqu'il bout, une cuillerée de n'importe quelle pâte par personne, en ne la laissant que dix minutes, qui sont suffisantes pour la cuisson.

A LA CRÉCY.   158

On fait cuire deux cent cinquante grammes de lentilles, on les écrase quand elles sont cuites, et on les passe pour en avoir une purée, on fait aussi cuire, d'un autre côté, cent grammes de vermicelle dans du bouillon, et lorsqu'il est cuit on y ajoute la purée de lentilles; il faut conserver ce potage d'une épaisseur convenable.

RIZ A LA PURÉE DE POIS CASSÉS.   159

On fait cuire deux cent cinquante grammes

de pois cassés, et quand ils sont cuits on les écrase et on les passe pour en faire une purée.

On fait cuire à part cent cinquante grammes de riz dans du bouillon, lorsqu'il est cuit sans faire la pâte on y ajoute la purée de pois.

CROQUETTES DE RIZ. 61

On fait cuire du riz dans du lait sucré, avec un morceau de vanille, lorsqu'il est bien cuit et bien épais on le retire et on brasse dedans un jaune d'œuf, et, quand il est froid, on bat deux blancs d'œufs en neige bien montée que l'on mélange convenablement avec le riz.

Pour chaque croquette, on prend une cuillerée de cette préparation, que l'on met dans de la friture bien chaude, en assez petit nombre pour les retourner facilement avec une fourchette, au fur et à mesure qu'elles se glacent.

AUTRES CROQUETTES. 62 BIS

On peut en faire en remplaçant la semoule par du riz, que l'on prépare de la même manière.

(N° 63) On peut aussi changer leur arôme, en mettant au lieu de vanille du zeste de citron ou de la fleur d'oranger.

CARDONS AU JUS.   24

Après les avoir nettoyés et coupés en morceaux aussi grands que possible, on les fait cuire à l'eau sans les couvrir pour qu'ils ne noircissent pas; lorsqu'ils sont cuits de la sorte, on les met dans une sauce au jus, dans laquelle on leur fait faire quelques tours.

CARDONS A LA CRÊME.   25

On les prépare préalablement comme il est dit pour la sauce au jus, et lorsqu'ils sont cuits à l'eau on les met cuire dans une bonne sauce à la crème pendant quelques tours, puis on les place dans un plat à gratin, avec un peu de fromage de gruyère râpé, que l'on brasse dans la sauce; on couvre le tout de panure avec quelques morceaux de beurre frais, pour les faire glacer au four.

OEUFS FARCIS,   123

On fait durcir six œufs, on les partage en deux parties égales, on sépare les jaunes des blancs, et l'on hâche les jaunes avec deux œufs entiers également durcis et une pincée de cerfeuil.

On fait bouillir de la mie de pain dans un quart de litre de lait, et on l'écrase pour en faire une bouillie, en ajoutant aux jaunes hâchés du poivre et du sel et en cassant dedans un œuf cru que l'on brasse avec le tout.

On remplit les blancs d'œufs de la farce ci-dessus, en leur donnant la forme d'œufs entiers; on les met dans un plat à gratin, on les panure dessus et on y place aussi quelques petits morceaux de beurre frais, une cuillerée d'huile et une de vinaigre, et on les fait glacer au four.

CROQUETTES D'OEUFS. 63

On fait durcir des œufs, on les coupe avec un couteau en petits morceaux aussi minces que possible, de manière à imiter un hâchis.

On met un morceau de beurre frais dans une casserole, avec la moitié d'une cuillerée de farine à laquelle on ne fait faire que deux tours, on éclaircit avec du lait ou de la crème et on brasse dedans les œufs découpés et un jaune d'œuf crû.

On hâche de la mie de pain et on la passe dans une passoire pour l'avoir bien fine; on prend un peu du mélange ci-dessus que l'on met sur la mie de pain de distance en distance, puis on les roule dans la mie de pain pour en faire des croquettes ; on les trempe ensuite dans des blancs d'œufs battus en neige bien montée et on les roule de nouveau deux tours dans la mie de pain ; on les laisse reposer environ une heure avant de les mettre dans la friture bien chaude avant de les achever.

VOLAILLE TRUFFÉE.   198

On nettoie les truffes dans l'eau, au moyen d'une brosse, et on les coupe en morceaux de la grosseur de petites noix, on les met ensuite dans du beurre chaud bien salé, dans lequel on leur laisse faire quelques tours , puis on les retire du feu et lorsqu'elles sont tièdes on en garnit la volaille, en lui en mettant dans le ventre et dans la poitrine.

On a soin de préparer les volailles de la manière suivante, six à huit jours avant de les faire cuire, pendant l'hiver, et de vingt-quatre à trente-six heures pendant l'été, pour qu'elles puissent s'imprégner du parfum des truffes.

CONSERVES DE TRUFFES.   54

Faire un courbouillon avec du vin blanc sec ,

oignons, échalottes, cannelle, clous de girofle, branche de thym, bouquet de persil, poivre et sel. Lorsque tous ces assortiments ont cuit dix minutes dans le vin on les enlève avec une écumoire, et on fait faire dedans deux seuls tours aux truffes, après les avoir nettoyées; on sort le courbouillon du feu et on laisse les truffes refroidir dedans, lorsqu'elles sont complètement froides on les met dans des cantines et on les couvre d'huile d'olive, qui doit dépasser de deux doigts la hauteur des truffes.

BÉCASSES EN SALMIS. 8

On découpe les quatre membres des bécasses et on partage les corps en jolis morceaux.

On hâche une échalotte avec du lard et un peu de persil; on met ce hâchis, pour lui faire prendre un peu de couleur, dans du beurre chaud, dans lequel on a préalablement fait roussir une cuillerée de farine, on met les morceaux de bécasses avec, pour les faire cuire quelques tours, et on y ajoute quelques cuillerées de vin blanc sec, un peu de bouillon et un peu de jus de rôti, si on s'en trouve, poivre et sel et un filet de vinaigre.

On sert ce salmis sur des tranches de pain grillé.

On peut le faire avec des débris de bécasses rôties qui ont déjà été présentées sur table.

OMELETTE AUX GRENOUILLES. 119

On les fait en premier lieu cuire à l'eau, on les désosse et on les met faire un tour dans du beurre, on brasse des œufs, et quand ils le sont assez on leur ajoute les grenouilles désossées, et on fait cette omelette comme toutes les autres.

POMMES DE TERRE EN MURETTE. 153

Les pommes de terre sont très-bonnes en les faisant cuire crues, coupées en tranches bien minces, dans la sauce indiquée pour les carpes à l'étuvée.

TIMBALE D'ALOUETTES. 193

On farcit les alouettes avec la farce la plus délicate possible et on les fait rôtir.

On prépare à part une sauce au jus, avec champignons, truffes noires et queues d'écrevisses; au moment de servir on ajoute dans cette sauce le jus des alouettes.

On sert les alouettes dans une timbale dans laquelle on met la sauce et la garniture, et on pare la timbale en mettant entre la croûte et le couvercle cinq à six têtes d'alouettes non plumées.

CANARD AUX OLIVES. 26

On le nettoie et dresse comme un poulet, et on le fait rôtir de même.

On fait à part une petite sauce au jus, dans laquelle on met des olives sans noyaux.

Lorsque le canard est cuit, on le fait de nouveau un peu mijoter avec son jus dans la sauce que l'on a préparée.

CANARD AUX NAVETS. 27

On découpe les navets en petits quartiers et on les fait cuire, comme des pommes de terre, dans la poêle ; lorsqu'ils sont bien roux on les remet faire deux ou trois tours dans une sauce au jus, préparée comme pour celle aux olives, en mettant dedans un morceau de sucre gros comme une noisette.

On dresse le canard sur un plat et on sert autour la sauce aux navets.

GIGOT EN GELÉE. 97

On le fait avec les mêmes assortiments que
ceux du bœuf en gelée, en mettant au lieu et
place du bœuf un gigot.

QUEUES D'ÉCREVISSES. 104

On fait cuire les écrevisses dans de l'eau un
peu salée, après avoir enlevé leurs coquilles,
et quand cela est fait on les met dans une casserole avec un gros morceau de beurre frais et
un bouquet de persil, on poudre le tout avec
une cuillerée de farine, et on leur laisse faire
quelques tours dans le beurre, puis on éclaircit
avec de la crème ou du lait, et au moment de
servir on lie la sauce avec un jaune d'œuf et la
moitié d'un jus de citron.

TIMBALE DE CRÊTES DE VOLAILLES. 194

On fait dégorger les crêtes de volailles dans
de l'eau fraiche, pendant trois ou quatre heures,
on les sort après ce laps de temps et on verse
dessus de l'eau bouillante, on les essuie forte-

ment avec un linge, pour leur enlever la première peau, en ayant soin de couper tous les festons qui sont autour; on les fait cuire ensuite avec un peu de bouillon, et lorsqu'elles sont cuites on fait une bonne sauce au jus et on les met dedans avec quelques truffes noires et des champignons, on les laisse cinq ou dix minutes, puis on les sert dans une croûte de timbale.

CARRÉ DE CHEVREUIL.   31

Pour donner bonne façon au carré, il faut le désosser et le rouler de la forme d'un filet, le faire mariner de la même manière que le gigot de chevreuil, le faire rôtir et le servir avec une sauce faite avec le jus et dans laquelle on met des truffes noires et quelques crêtes de volailles.

DINDE TRUFFÉE.   65

On truffe et on fait cuire les dindes de la même manière que les volailles, ainsi qu'il est indiqué au n° 174.

SAUCE MAYONNAISE.   180

On hache bien fin une pincée de cerfeuil, on la met dans un mortier et on la pile environ cinq minutes, on verse alors dedans un jaune d'œuf que l'on remue avec le cerfeuil, en tournant toujours du même côté, pendant cinq à dix minutes, on y ajoute alors quelques gouttes d'huile, en continuant de remuer de la même manière, ayant soin de conserver la sauce bien épaisse et versant de l'huile peu à peu, jusqu'à ce qu'elle soit assez grande pour l'usage que l'on veut en faire, on la vinaigre suivant le goût, sans discontinuer de remuer, poivrer et saler.

SAUCE FINANCIÈRE. 181

Dans une bonne sauce au jus on met des truffes noires, des champignons, des queues d'écrevisses, quelques morceaux de foie de volaille, auxquels on fait faire préalablement quelques tours dans du beurre.

PERDRIX DRESSÉES AVEC LES AILES. 184

Lorsqu'on a trois perdrix pour rôti, on coupe à l'une les ailes avec les plumes et la tête, avant de les faire cuire ; on sert au milieu des deux autres celle à laquelle on a coupé les ailes et la tête, ayant eu soin de la piquer au petit lard, et lorsqu'elles sont dressées sur le plat on replace les ailes et la tête à celle du milieu, tenant les

ailes ouvertes, comme si elle était prête à s'en-
voler, ce qui se fait au moyen d'une petite
broche.

FILET MIGNON AVEC GARNITURE. 71

On le prépare comme il est dit au n° 64, et
lorsqu'il est mariné de la sorte on le fait rôtir
et on le sert avec une sauce faite avec son jus,
dans laquelle on met des truffes noires, des
champignons et quelques olives.

HOMARDS. 64

Les homards se préparent dans le même courbouillon que tous les poissons, en ayant soin
d'y mettre une quantité double de poivre et de
sel. Leur cuisson exige de dix à douze minutes.

On les sert sur une serviette dressée sur un
plat.

La sauce se fait avec l'intérieur du homard,
que l'on pile dans un mortier, avec de la mou-
tarde, de l'huile et du vinaigre, poivre et sel.
Elle se sert très-épaisse.

SAUCE AU KIRSCH. 182

On met du sucre pilé très-fin dans une saucière, on verse dessus du kirsch en proportion,
on remue le tout ensemble et la sauce est faite.

ANANAS. 1

On pèle l'ananas et on le coupe par tranches que l'on range en forme de couronne dans un plat.

On les sert avec de la sauce au kirsch.

DAUBE DE BŒUF CHAUDE. 64

On emploie un morceau de couare ou de rond de veine, que l'on pique de part en part avec du petit lard, on le met dans une daubière avec un morceau de beurre frais et deux oignons, puis on le fait glacer de tous côtés en y mettant quelques gouttes de vin blanc sec, en continuant jusqu'à la quantité d'un verre; on y ajoute ensuite un pochon de bouillon et on lie la sauce avec une cuillerée à café de fécule de pommes de terre, et on fait cuire à bien petit feu; on y met alors trois clous de girofle, un morceau de cannelle, une légère branche de thym, poivre et sel et un filet de vinaigre; on peut aussi mettre des marrons ou des racines jaunes ou des champignons.

FILETS DE COCHONS. 72

On le prépare comme le filet de bœuf. (Voir le n° 64.)

On le sert avec son jus ou une sauce mayonnaise.

OMELETTE AU FROMAGE.   120

On coupe très-menu du fromage de gruyère, que l'on bat dans des œufs, après les avoir préalablement battus seuls, on verse le tout dans du beurre chaud, et aussitôt que les œufs ont pris la couleur voulue l'omelette est faite et on peut la servir.

OMELETTE AUX TOMATES.   121

On sert une omelette qui ne soit pas trop ferme sur de la sauce aux tomates que l'on a étendue dans un plat.

OMELETTE AUX MORILLES.   122

On fait dégorger pendant une heure les morilles dans de l'eau froide et après les avoir retirées on verse dessus de l'eau bouillante, puis on les fait égoutter dans une passoire.

On fait une bonne sauce au jus dans laquelle on met les morilles faire quelques tours.

On prépare une omelette et lorsqu'elle est dans le plat prête à être servie on verse la sauce au jus et les morilles dessus.

MANIÈRE DE SERVIR.

Dîner ordinaire à huit personnes.

ENTRÉE.

1 Croquettes de viande.
2 Brochet piqué.
3 Bœuf à la mode.
4 Pieds de veau glacés.

SERVICE.

1 Volaille rôtie.
2 Légumes.
3 Salade.
4 Gelée au rhum avec gauffres.

Dîner sans cérémonie.

ENTRÉE.

1 Tranches de saumon sur le gril.
2 Langue de bœuf.
3 Fricandeau de veau.
4 Rognons aux champignons.

SERVICE.

1 Rôti de lièvre.
2 Légumes.
3 Salade cuite.
4 Crème corse.

Dîner de cérémonie.

ENTRÉE.

1 Sole à la normande.
2 Tête de veau à la tortue.
3 Timbales d'alouettes.
4 Quatre oreillons de veaux.
5 Deux canards aux olives.

SERVICE.

1 Chapon rôti, truffé si l'on veut.
2 Légumes.
3 Rôti de bec-figues.
4 Légumes.
5 Gigot en gelée.
6 Salade.
7 Pâté de foie gras.
8 Gâteau au chocolat.
9 Fromage-bavarois.

Second Dîner de cérémonie.

ENTRÉE.

1 Filet de sole.
2 Biftecks au madère.
3 Civet de lièvre.
4 Queues d'écrevisses.
5 Timbales de crêtes de volailles.

SERVICE.

1 Dinde truffée.
2 Légumes.
3 Rôti de cailles.
4 Seconds Légumes.
5 Saucisson crû entier.
6 Truite.
7 Salade.
8 Gâteau de marrons.
9 Blanc-à-manger.

Troisième Dîner de cérémonie.

ENTRÉE.

1 Deux volailles truffées.
2 Saumon.
3 Perdrix avec garniture.
4 Riz de veau avec sauce mayonnaise.
5 Carré de mouton désossé.

SERVICE.

1 Faisan rôti.
2 Légumes.
3 Filet mignon de bœuf.
4 Seconds légumes.
5 Jambon fumé.
6 Galantine.
7 Salade.
8 Gâteau de Savoie fourré.
9 Gelée au kirsch.

Quatrième Dîner de cérémonie.

ENTRÉE.

1 Turbot.
2 Filet mignon avec garniture.
3 2 Volailles rôties sur une sauce aux tomates.
4 Pieds de cochon truffés.
5 Oreillons de veau avec sauce financière.

SERVICE.

1 Gigot de chevreuil rôti.
2 Légumes.
3 Rôti de perdrix dont une avec tête et ailes.
4 Macédoine.
5 Saumon froid avec sauce à la vinaigrette.
6 Deux homards.
7 Jambon sur une purée de marrons.
8 Puits-d'Amour.
9 Plomb-Pudding au rhum.
10 Ananas avec sauce au kirsch.

Cinquième Dîner de cérémonie.

ENTRÉE.

1 Tête de veau en courbouillon.
2 Saucisson vieux, chaud.
3 Deux filets de cochon.

4 Perdrix aux choux.
5 Gigot de chevreuil.

SERVICE.

1 Rôti de bécasses.
2 Légumes.
3 Poularde truffée.
4 Légumes.
5 Pâté froid.
6 Truite frite.
7 Pommes glacées.
8 Pain d'œufs à la neige.
9 Gelée de groseilles et framboises.

FIN.

TABLE

PAR ORDRE ALPHABÉTIQUE.

A

D

E

F

O

P

Q

R

Manière de servir une Table.

Bourgoin. — Imp. et lith. SIMONNET.

www.ingramcontent.com/pod-product-compliance
Lightning Source LLC
LaVergne TN
LVHW012300170726
843503LV00002B/598